あなたにシマはありますか？

約160人が暮らす福岡県・小呂島にて。島の人々にとっての「シマ」は、この「島」そのものでもある

島はやはり可能性の宝庫ですよ。
個々が関係しあえる共同体という世界が、
一番壊れていないのが島。
——哲学者・内山節

140もの有人離島がひしめく瀬戸内海の風景。漁船のおこぼれをねらい集まる海鳥たちが空を舞う

実際はあまり不便でない。
——八丈島・山田一行

1

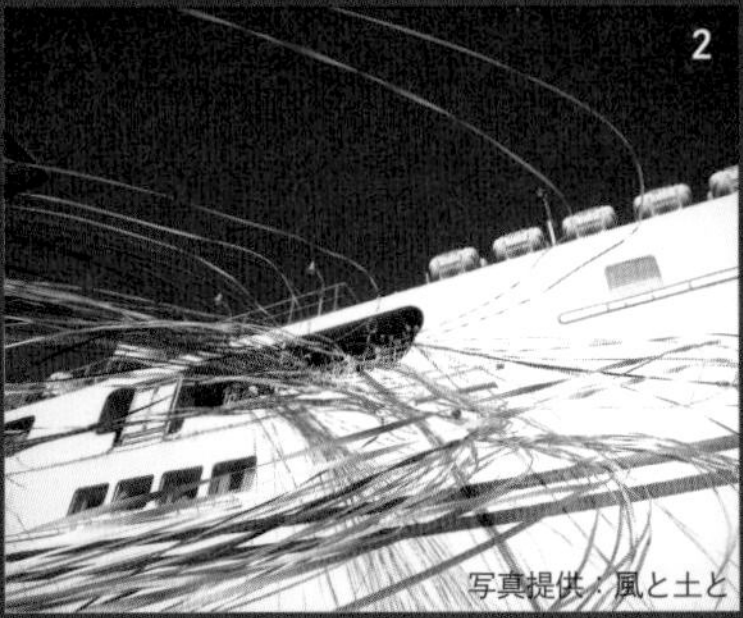

2

写真提供：風と土と

3

1.　約60人が暮らす笠岡諸島の六島には、夕方になると島の人々が焚き火を囲み、語り合う日常がある

2.　隠岐諸島・海士町にて。旅立ちの季節には、島を離れる子どもたちや先生などが、盛大に送り出される

3.　流人文化が残る八丈島には、欠航が続き帰れなくなった旅人をごちそうでもてなす慈悲深い文化がある

島暮らしは競争ではなく「共歩」というイメージでしょうか。
支え合って生きる人のつながりが何より大切。
お金で買えるものはあまりないけれど、
お金で買えないものがいっぱいあります。

——西表島・山城まゆみ

写真提供：水野暁子

4. 島の誇りを守るため独自の住民憲章を制定する竹富島。島の重要な決定や祭事行事は「公民館」が司る

5. 人口60人のトカラ列島・小宝島では、定期船の通船作業に学校の先生も加わり、共同作業が行われる

6. トカラ列島・宝島の島影。人口60人〜130人が暮らす有人7島からなる十島村にも生きる力があふれている

五穀豊穣を祈願する多良間島の「八月踊り」は、幼児からお年寄りまでが力を合わせ披露される郷土芸能

生きていくことを学ぶのは島しかない。

研究者・石田秀輝

人口約120人のトカラ列島・宝島。水泳の授業はエメラルドグリーンの海で行われている

写真提供：本名一竹

写真提供：菊池淑廣（屋久島メッセンジャー）

写真提供：菊池淑廣（屋久島メッセンジャー）

7. 日本で初めて世界自然遺産に登録された屋久島。島の人々は雄大な大自然と寄り添い生きている

8. 屋久島の「岳参り」は集落ごとに行われる伝統行事。集落の山に代表者が登り、無病息災を祈願する

9. 西表島の染織家・石垣昭子さんの芭蕉布は、島の大自然と人間の手仕事により生み出されている

世界がかわる
シマ思考

離島に学ぶ、生きるすべ

シマと島について

【島(しま)】
①周囲が水によって囲まれた小陸地。成因上から火山島・珊瑚島・陸島などに分類。
②泉水・築山などのある庭園。林泉。
③ある限られた地域。界隈(かいわい)。特に、上方では非官許の遊郭、私娼窟を指すことが多い。色町。
④頼りになるものごと。よすが。
⑤八丈島・鬼界島など、罪人が送られる遠隔地。
⑥しま(縞)。
⑦島台の略。

——『広辞苑』

この本で追求する「シマ」は、
④の「頼りになるものごと」を意味します。
そして、
人間が心豊かに生きていくために必要なシマとは何かを考え、
シマとの向き合い方や、より良いシマのつくり方を、
①の「島(離島や離島地域ともいう)」にある、
③の「ある限られた地域」から学ぶことを提案します。

はじめに

世界に不穏な空気が流れています。

地球の限界とも言われる気候変動に、止め方のわからない戦争や紛争、解消されない格差や貧困。それらに苦しむ人々の姿が、テレビやインターネットに映るたびに、どうしようもない不安に駆られます。

日本にも不安がうずまいています。

この島国は、戦後の焼け野原から、世界がおどろくスピードで経済成長を遂げました。何もなかった時代から、たくさんのものがあふれる時代をつくりだし、世界中の大国に並んで「豊かな国」とも言われるようになりました。

けれど、その豊かさにも疑問符がついています。

物や情報はあふれているのに、経済格差や貧困、孤独や孤立は広がるばかり。地方では人口流出や少子高齢化、産業衰退、財政難などが深刻化し、２００８年からは日本全体も人口減少に転じ、急激な人口減時代を歩みはじめています。

日本は１１１もの活火山を抱える災害列島でもあります。噴火や地震が頻発し、近年は気候変動による豪雨や酷暑が増加。さまざまなリスクが潜んでいるのです。

解剖学者の養老孟司《ようろうたけし》さんは言いました。

「人の社会が今のような状態で過ごしていていいのか？と考えざるを得ない状態がそのうちやってきます」

そしてわたしたちが生き残るには、

「万事手近なもので間に合わせること」

「地域で自立していくことが重要なのです」と。（詳しくは36ページ）

人はひとりでは生きていけません。衣食住を満たすだけでも、自分ひとりで間に合わせることはできず、お金で買うか、社会的サービスを受けるか、支え合える人々と協力するか。自分以外の何かを頼らねば生きていけないのです。

どんな時代でも、どんな状況でも、人が心豊かに生きていくためには、支え合える相手や仕組みが必要です。問題はそれをどう得ていくか。そのヒントを「島」と「シマ」から提起するために、この本はつくられました。

この本を企画した離島経済新聞社（以下、リトケイ）は、日本で離島（「離島」は法律用語といわれており、離島地域に暮らす人々は「島」という言葉に愛着を持たれているため、この本では「離島」だけでなく「島」とも表現します）と呼ばれる地域に魅了されたメンバーが、2010年に立ち上げた団体です。

日本には北海道・本州・四国・九州・沖縄本島という大きな5島と、約400島余りの有人離島があります。リトケイは「島の宝を未来につなぐ」ことをミッションに、有人離島地域で生きる人々や、島内外の個人や企業・行政など、島に想いを寄せる人々と共に、有人離島専門メディア『ritokei』の発行や、地域づくり活動を行ってきました。

そして今、活動開始から現在まで重ねてきた累計1万人を超える島の人々との交流や、対話を通じて気がついた島の可能性を、書籍としてまとめることにしました。

例えば養老孟司さんが言う「万事手近なもので間に合わせること」や「地域で自立していくこと」など。

この本には、リトケイが集めてきた島の話題から、日本社会、あるいは世界に向けて届けたい「島の可能性」を再編集。有識者やキーマンと共にその可能性を深掘りする新たな記事も収録しました。

人口減や気候変動など、不安のうずまくこれからの時代を、心豊かに生きていける人がひとりでも増えますように。日本の島々から、世界がかわるシマ思考と、離島に学ぶ生きるすべをお届けします。

２０２４年４月
世界がかわるシマ思考制作委員会
ＮＰＯ法人離島経済新聞社 代表理事・統括編集長
鯨本あつこ

謝辞

この本にはNPO法人離島経済新聞社が発行する有人離島専門メディア『ritokei』（フリーペーパー版およびウェブ版）より、「世界がかわるシマ思考」というお題のもと抽出した記事を再編集して掲載しています。第3章は2023年9月に開催された座談会で語られた内容をもとに構成しています。

刊行にあたっては、2023年4月に実行したクラウドファンディングにご支援いただいた皆さんをはじめ、制作に協力くださった皆さんや、日頃から離島経済新聞社を応援くださる皆さんより、本当にたくさんのご協力・ご支援をいただきました。お力添えいただいたすべての方に厚く御礼申し上げます。

目次

WAY 離島に学ぶ、生きるすべ

INTRODUCTION

離島に学ぶ、という提案

自分と社会と地球の「豊かさ」について

まずは自分自身に問いかけてみましょう。

「今を生きている、自分の心は豊かですか？」

日々の暮らしや、趣味、仕事、生命を維持するために必要な睡眠や食事の時間など。生きる時間の中で、あなたの心は豊かさを感じているでしょうか。

豊かであるかどうかは、その人の価値観によって決まります。

お金が十分にあって、いつでも好きなものを買えるから豊か。

好きなものを好きなだけ食べることができるから豊か。

大好きな人がそばにいるから豊か。

何もないけど健康な身体はあるから豊か。など多様です。

一人ひとりの価値観が多様であることに問題はありません。しかし、人はひとりで生きることができませんから、自分をとりまく「他者」や「社会」の豊かさも意識する必要があり、加えて人間は自然の恵みにより生命を維持できているため「地球」の豊かさについても考えたいものです。

この本では、「自分」「社会」「地球」という観点で、心豊かに生きるためのヒントを「離島」と「シマ」から紐解いていきます。

地球の豊かさは限界状態

わたしたちは皆が地球に暮らしています。

自分の命も、大切な人の命も、すべてが地球に支えられていて、宇宙人でもない限りひとりの例外もありません。

今、そんな地球が「限界」を迎えています。世界中の研究者がその頭脳を寄せ集めるＩＰＣＣ（気候変動に関する政府間パネル）は、２０２３年の最新研究結果として初めて、気候変動が人間活動によって起きていることに「疑う余地がない」と認め、国連のグテーレス事務総長は「地球温暖化時代は終わり、地球沸騰化の時代が訪れた」と発表しました。

鹿児島県の離島、沖永良部島《おきのえらぶじま》で暮らす東北大学名誉教授の石田秀輝《いしだひでき》さんも、地球の行く末を案じる研究者のひとり。文明が地下から化石エネルギーを掘り出して、あっという間に使い切り、地球温暖化や資源・エネルギーの枯渇など、たくさんのリスクを生みだしたことで引き起こされている「文明崩壊の危機」に警鐘を鳴らしています。

地球はひとつしかないのに、人間たちは暮らしや経済活動を肥大化させ、今や地球2・8個分の暮らしをしているのです。その結果、世界中の昆虫は過去27年間だけで76％、哺乳類は過去50年間で68％減少するほど生物多様性が失われ、人口窒素の

※ＩＰＣＣ（Intergovernmental Panel on Climate Change）
世界気象機関及び国連環境計画により１９８８年に設立された政府間組織。２０２１年８月現在、１９５の国と地域が参加。各国政府の気候変動に関する政策に科学的な基礎を与えることを目的に、世界中の科学者の協力の下、出版された文献（科学誌に掲載された論文等）に基づいて定期的に報告書を作成し、気候変動に関する最新の科学的知見の評価を提供している（参考・気象庁）

※地球沸騰化の時代
２０２３年６月〜８月に世界の平均気温が観測史上最高を記録し、同7月に国連のグテーレス事務総長が「地球沸騰化の時代が到来した」と発言

※沖永良部島
１８８ページ掲載

量は自然界の3倍に増加。海水温の上昇や土地の劣化が進んでいます。生物多様性・気候変動・窒素の循環・海洋流出プラスチックの問題を2030年までに抑えられなければ、本当に崩れるかもしれません。（石田秀輝）

限界が叫ばれる地球の上で生きる皆さんは、疑問に思うかもしれません。なぜ、先人たちは地球をここまで壊してきたのかと。

知恵と工夫が生んだ限界

先人たちが生きた時代を想像してみましょう。

その時代には、暑い、寒い、キツい、痛い、怖いといった不快や不安が、常に身近にありました。獣《けもの》に襲われてしまうかもしれない。蚊にさされただけで病気になって死んでしまうかもしれない。雨が降らなければ作物が育たないかもしれない。食べ物がなくなれば飢え死にしてしまうかもしれない。

そんな不安をどうにかしたい。そうやって知恵を働かせ、工夫するうちに、技術が生まれ、「お金」のような仕組みも生み出されました。

誰ひとりとして、地球を壊そうとは思っていなかったでしょう。地域社会を壊し、人々を孤独に追いこもうとも思っていなかったでしょう。

安心、安全に、豊かに暮らしたいという願いを追いかけるうちに、いつのまに

※石田秀輝
2014年に沖永良部島へ移住した研究者。133ページ座談会に登場

かたくさんの問題が生じてしまったのです。

この問題は、過去から論じられていました。ドイツの経済学者E・F・シューマッハーは1970年代に発刊した『スモール イズ ビューティフル』で「技術の発達が人間の自由を破壊してしまうかもしれない」と指摘。新たな技術が新たな問題を生みだしてしまうことを予言していたのです。

薄い氷の上にある人間社会

人間はひとたび体験してしまった便利さや心地よさを手放すことはなかなかできません。もっと早く、もっと多く、もっと安く、もっと便利に……。そしていつしか道路や鉄道が張り巡らされ、ビルやマンションが立ち並び、24時間欲しいものが買えるコンビニや量販店、自分の代わりに身の回りの面倒を引き受けてくれるサービスが乱立。それらを広告する情報に囲まれ、1分たりとも暇をしないよう、オンライン上にはニュースや娯楽情報があふれています。

50年以上前、シューマッハーはこう言いました。

『近代化』なるものが、本当によい成果をあげているのかという当面の疑問が残る。一般大衆に関する限りは、その成果たるや惨憺《さんたん》たるものであり、農村経済は崩壊し、町でも村でも失業が大幅に増え、栄養不良か、でなければ心のすさんだ都市貧民層

※E・F・シューマッハー
1911年生まれの経済学者。オックスフォード大学に学ぶ。戦後英国に帰化。英国石炭公社顧問として早くから石油危機を予言。その「スモール」の経済哲学は、物質至上主義の現代文明へのもっとも鋭い批判として注目された。1977年没（参考・講談社）

※『スモール イズ ビューティフル』
1973年発行。現代文明の根底にある物質至上主義と科学技術の巨大信仰の問題点を指摘し、人間社会の新たな道を探った名著（参考・講談社）

が発生しているのである」（『スモール イズ ビューティフル』より）

あなたの身近な世界はどうでしょうか？

地球環境だけではなく、人々の心や社会に歪《ゆが》みを感じませんか？

都市生活者を中心に「隣の部屋に住む人の顔を知らない」という人は少なくありません。壁一枚を隔てた先で起こる孤独や貧困、飢餓や虐待が日々ニュースとなっています。不登校や自殺率は過去最高となり、出生率は過去最低。人口減少に歯止めがかからない社会のなか、空き家の増加や産業の衰退が進み、社会インフラの脆弱化や財政難に頭を抱える地域の増加など、さまざまな課題が山積。世界では戦争や紛争も絶えず、地球温暖化の影響も加わりながら、想像を絶する数の難民が生まれています。

今の瞬間に「私は豊か」だと感じられる人も、自分をとりまく社会や地球まで視点を広げていくと、自身の豊かさが、今にも溶けてなくなりそうな薄い氷の上に成り立っていることに気が付くでしょう。

小さな規模から紐解こう

地球環境も人間社会も限界を迎えるなか、溶けてなくならない豊かさを手にいれるにはどうしたら良いか。そのヒントが「限りのある小さな規模」にあります。

※不登校や自殺者数は過去最高
２０２２年度の小中学校における不登校者数は過去最多の29万９０４８人（文部科学省）。同年は小中高生の自殺者も過去最多に（厚生労働省『自殺対策白書』）

※出生率は過去最低
２０２２年の出生数は77万７４７人。１８９９年の統計開始以来最少を記録（厚生労働省）

※空き家の増加
「住宅・土地統計調査」（総務省）は空き家を「売却用の住宅」、「賃貸用の住宅」、「二次的住宅」、「その他の住宅」の4種類に分類。「その他の住宅」は、１９９８年から２０１８年の20年間で、約１・９倍の１８２万戸から３４７万に増加（政府広報オンライン）

※社会インフラの脆弱化
「水道」を例にとると、人口減少等に伴うサービス需要の減少、施設等の老朽化に伴う更新需要の増大等、水道事業を取り巻く経営環境が厳しさを増す中で、水道事業の持続的な経営の確保が求められている（総務省）

毛糸玉をイメージしてください。あちこちが複雑に絡み合い、がちがちに巨大化してしまった毛糸玉を紐解くことは難しいものですが、多少絡み合っていても小さな毛糸玉であれば解くことはできます。

地球も社会もすべてを一挙に解決するには問題の規模が大きすぎて、どこから考えていいかも、どこから変えていけばいいかも分かりません。解決のために動いても、その行動が、本当に良い結果を招いているのか不安が残ります。

そこで問題を小さく分解し、それぞれが小さな規模で問題を解いていく。そうするうちに、地球も社会も、少しずつ良くなっていく状態を目指し、この本では「小さな規模」の代表格である「島」を例に提案します。

豊さのヒントは「島」と「シマ」に

日本には「限りのある小さな規模」がたくさんあります。地理学の視点では日本は1万4000を超える島からなる島国。北海道・本州・四国・九州・沖縄本島という比較的大きな島と、約400島の有人離島に人々が暮らしています。

約1700ある市町村には、数百万人が密集する大都市もあれば、人口50万人以上の政令指定都市や、20万人以上の中核市、数千人から数万人の市町があり、小さな規模では数百人規模の村があります。

都会や田舎に限らず、どの地域にも自治体や町内会などを単位にした地域コ

※戦争や紛争
2022年2月24日、ロシアによるウクライナへの本格的な軍事侵攻が開始。2023年10月7日には、パレスチナ・ガザ地区を支配するハマスがイスラエルを攻撃し戦闘が勃発。2024年1月現在、いずれも終結していない

※想像を絶する数の難民
2022年末時点で故郷を追われた人の数は約1億840万人(Global Trends 2022)

※日本は1万4000を超える島からなる島国
2023年2月、国土地理院は6852島とされていた日本の島の数を、新たに14125島と発表。法令等に基づく島のほか、地図に描画された陸地のうち自然に形成されたと判断した周囲長0.1km以上の陸地を対象に、国土地理院が維持管理する詳細な電子国土基本図を用いてカウント(国土地理院)

※約1700ある市町村
2024年1月現在、1718市町村(792市/743町/183村)

ミュニティや、子ども会や敬老会などがあり、それぞれが人々の暮らしを支えています。

日本中の市町村のうち10％にあたる約１７０市町村に、人が暮らす有人離島があります。２０２４年３月時点で約４００島ある有人離島のうち、本土と橋でつながらない約３００島の総人口は約57万人。日本人の０・０５％が暮らす島に、心豊かに生きるためのヒントがある理由を、７つの観点で説明します。

１　有機的な「シマ」の密集地

人は皆、誰かと支え合いながら生きています。人と人が支え合う関係は「共同体」や「コミュニティ」とも呼ばれ、奄美《あまみ》地方や沖縄地方では集落単位の共同体を「シマ」とも呼んでいます。

地縁や血縁から形成されるシマも、子育てや職場、趣味など何かしらのテーマで形成されるシマも、「安全な暮らしを守ろう」「より良い集落にしよう」「子育て環境をよくしよう」などの共通目的をもった人々が知恵や工夫、手間などを交換し合いながら支え合うという点は同じです。

こうした支え合いの関係は、ソーシャルキャピタル（社会関係資本）とも言われ、より良い社会をつくるために重要な要素であると言われています。

霊長類学者として知られる京都大学元総長の山極寿一《やまぎわじゅいち》さんは、社会関係資本と

※ソーシャルキャピタル（社会関係資本）
アメリカの政治学者、ロバート・パットナムの定義では、人々の協調行動を活発にすることによって、社会の効率性を高めることのできる、「信頼」「規範」「ネットワーク」といった社会組織の特徴。物的資本（Physical Capital）や人的資本（Human Capital）などと並ぶ新しい概念（厚生労働省）

※山極寿一
霊長類学者・人類学者。97ページに登場

して人々がリアルにつながれる人数を「150人」といいます。

僕は150人という数は、人間が信頼関係を結べる仲間の数の最大値だろうと考えています。我々は今、SNSで何十万人もの人たちとつながれるかもしれません。しかし実際に何かトラブルに陥ったときに相談できるソーシャルキャピタル（社会関係資本）とも言える相手は、過去に喜怒哀楽を共にしたことのある人や、身体を共鳴させて付き合っている人たちになるでしょう。（2022年『季刊 ritokei』38号「つよくやさしく たのしい 地域共同体に学ぶ 島のシマ」特集記事）

人口密度の高い地域ではリアルにつながれる相手が多く、オンライン上にもつながれる（かもしれない）相手が数えきれないほど存在しています。しかし、本当に必要な相手が「150人」だとすれば、その人たちとどう生きていくかが優先すべき課題となります。

離島は海を隔てるだけに、他地域との行き交いが気軽ではありません。小さな島ではお金で買えるものやサービスも少ないため、顔の見える相手との関係や支え合いが何よりも大事にされています。暮らしや文化、仕事など、さまざまな場面で力を発揮する有機的なシマが高密度で存在する島には、ソーシャルキャピタルを活かしながら、心豊かに生きるためのすべが高密度で存在しているのです。

2　利他的生き残りの先進地域

日本は災害列島です。地震や津波、台風や豪雨はどの地域でも起こりうるもの。世界情勢が不安定になれば、戦争状態になる可能性も否定できません。

東日本大震災の後、政府の公式文書にはしっかりと「公助には限界がある」と示されるようになりました。つまり、大災害や戦争が起きても、すべての場所に公的な支援を届けられるとは限りませんと、政府が断言しているのです。

「公助」に代わり自らを助けるのは、「自助」と「共助」。しかし、自分ひとりで生きることは難しいため、やはり「共助」が必要となります。

２０２０年に発生した新型コロナウイルス感染症は、人々の行動や世界のあり方を一気に塗り替えました。リトケイの「島から考えるポストコロナ」特集では、国際基督教大学名誉教授の最上敏樹《もがみとしき》さんが『コロナ後の世界を生きる　私たちの提言』の中で提言した、ポストコロナのあり方を紹介しました。

グローバル化の行く末は、控えめにいっても経済的安寧ではない。経済であれ領土であれ軍事的支配であれ、無限に拡大することなどできず、コロナ禍は際限なき自己拡大と、そのための抑制なき自由競争を、ともに見直す好機でもある。ポストコロナに来るべき世界は、他者と共に生き残ることを本気で構想する、《利他的生き残り》の哲学に立ったものでなければならない。（『コロナ後の世界を生きる　私たちの

※「公助には限界がある」
平成26年版『防災白書』には、東日本大震災等の大規模広域災害の発災時には、行政が全ての被災者を迅速に支援することが難しいこと、行政自身が被災して機能が麻痺するような場合があることが明確になった「公助の限界」に対し、地域コミュニティにおける自助・共助という「ソフトパワー」を効果的に活用することが不可欠と示された（内閣府防災情報）

※新型コロナウイルス感染症
新型コロナウイルス（SARS-CoV-2）は２０１９年に中国武漢市で発見され、全世界に感染拡大（国立感染症研究所）

※最上敏樹
１９５０年北海道生まれ。国際基督教大学名誉教授、早稲田大学名誉教授。日本平和学会会長などを歴任。著書に『国境なき平和に』（みすず書房）など

※『コロナ後の世界を生きる　私たちの提言』
岩波新書より２０２０年７月発行

提言』より）

大災害や感染症はもとより、行き詰まりをみせる国際社会の課題を乗り越えていくにも「利他的生き残りの哲学」が重要だと最上さんは言います。けれど、今この瞬間に、支え合える相手がいない人はどうすればよいのでしょうか。

日本に襲来する台風は、離島から上陸していきます。２０２３年の夏には、沖縄や鹿児島エリアに巨大な台風が停滞し、２週間近く流通がストップする島もありました。そんな時、島では「共助」が発揮されます。他者と共に生き残ることの重要性を身体感覚として理解する島の人々と、その営みには、不確実な世界を生き抜くすべが隠れている。真の支え合いは、島に学ぶことができるのです。

3 「ない」から生まれる創造力と生きる力

いろんなものがなくて、人も少ない。そして限りが見えやすい。「ない」ものが多い離島地域には、「ない」からこそ生まれる創造力を持った人々がたくさん存在しています。

独特の音階でうたわれる奄美大島《あまみおおしま》の島唄も、島に娯楽がなかった時代に人々の楽しみとして継がれてきたものです。そんな奄美大島には今も芸達者な人が多く、

※２０２３年の夏には、沖縄や鹿児島エリアに巨大な台風が停滞台風第６号は複雑な進路をたどり沖縄地方や奄美地方に長期間影響を及ぼした（気象庁）

※奄美大島
１８８ページ掲載

島の結婚式では島の人々による余興が披露されています。

公務員でありながら日本最大級のロックフェス「フジロックフェスティバル」に出場した経験を持つ島唄漫談バンド「サーモン&ガーリック」の新元一文《にいもとかずふみ》さんは、芸達者な人が多い理由をこんな風に教えてくれました。

「なんでかわかりますか? 自分たちでおもしろいことをつくらないと何もないからです」（2012年『季刊 ritokei』2号「奄美の島柄」）

わたしたちの暮らしは今、いつでもどこでも楽しめる娯楽コンテンツに囲まれています。しかし「おもしろいこと」は受け取るだけではなく、自ら創造することもできるのです。

「ない」ことを人は「不便」とも言い表します。しかし「不便」があるからこそ、世界中の教育現場で求められている「非認知的能力」が育つのだと、保育学や教育学に精通する東京大学名誉教授の汐見稔幸《しおみとしゆき》さんは言います。

「不便な環境で、頭を使いながら暮らしを豊かにするための方法を努力して身につける。昔の人はそうやって自然と非認知的能力を養うことができていたのです。けれど今の生活は消費生活になってしまい、暮らしの中では非認知的能力が身につかなくなってきました。今、世界中の学校現場で非認知的能力の育成に向けた教育改

※非認知的能力
非認知能力とも呼ばれる能力。中央教育審議会では、主に意欲・意志・情動・社会性に関わる3つの要素（①自分の目標を目指して粘り強く取り組む、②そのためにやり方を調整し工夫する、③友達と同じ目標に向けて協力し合う）からなると定義。経済学の多くの研究で、大人になって社会的・経済的に成功する上で、学力に代表される認知能力に加えて、我慢強くやり遂げるような自制心、実行機能と呼ばれる能力、人と協働できる能力などの非認知能力が重要であることが明らかにされている（中央教育審議会初等中等教育分科会）

※汐見稔幸
家族・保育デザイン研究所代表理事。東京大学名誉教授、白梅学園大学名誉学長・全国保育士養成協議会会長。日本保育学会理事（前会長）。専門は教育学、教育人間学、保育学、育児学。自身も3人の子どもの育児を経験。保育者による本音の交流雑誌『エデュカーレ』編集長でもある。持続可能性をキーワードとする保育者のための学びの場「ぐうたら村」村長

革が進められていますが、受け身の勉強では本当の力は育ちません。まだまだ不便さがある離島は、かえっておもしろい」（2023年『季刊 ritokei』44号「シマ育のススメ」特集）

Googleが自社の優秀な社員が持つ能力を調べた調査では、優秀な社員の多くが暗記や計算など学力で身につく認知能力ではなく、非認知的能力を持っていたことを明らかにしました。便利なものに囲まれた環境では身につけにくい非認知的能力や生きる力は、「ない」ものが多い島のような環境でこそ、身につけられるのです。

4 誰一人とりのこせない世界

世界規模で掲げられるSDGs（持続可能な開発目標）の合言葉は、「誰一人とりのこさない」。世界中に存在する格差や貧困に苦しむ人を助けようと、行政や企業、NPOなどが救いの手を差し伸べていますが、孤立や孤独の壁に阻まれて、取り残されてしまう人は少なくありません。

映画『千と千尋の神隠し』に登場するカオナシは、苦しみを抱く自分の存在価値が、誰にも認めてもらえず自暴自棄になり、周囲を壊しはじめます。ニュースで見かける残虐な事件でも、犯人像がカオナシと重なることはありませんか？

誰にも干渉されずに生きる「自由」は、誰にも干渉されない「孤独」を生むこ

※Googleが自社の優秀な社員が持つ能力を調べた調査
2009年にGoogleが従業員を対象に行った「優秀なマネージャー」に関する調査

※SDGs（持続可能な開発目標）
2015年9月国連で採択されたSustainable Development Goalsの略

※映画『千と千尋の神隠し』
2001年に公開され世界的なヒット作となったスタジオジブリのアニメーション映画。原作・脚本・監督は宮崎駿

とでもあるのです。

小さな島はカオナシが生まれにくい世界です。リトケイの読者アンケートにこんな意見が寄せられました。

都会にいた頃は、名もなき存在でいることが可能で、例えばサービス業の方に対してあくまでも自分は「お客さん」、相手は「業者さん」という線引きがありましたが、島では「お客さん」「業者さん」であると同時に「互いに身元を知っている隣人」でもあるので、「人として」の関わりを最優先するようになりました。島に来たばかりの方には「馴れ合い」と映ることもあるようですが、匿名でいられないという環境だからこそ、あらゆる相手に対して親身に接することができるのだとも思います。

（2022年『季刊 ritokei』38号 読者アンケート）

匿名で生きられる社会では、「誰かがやってくれるだろう」と手を止めることも簡単ですが、その分、自分の存在価値が薄められるリスクがあります。

一方、匿名でいることができない島では、「ひとり」の存在が濃厚になります。誰一人とりのこさない社会をつくるには、「ひとり」を尊ぶ価値観とその仕組みが必要。小さな島にある「誰一人とりのこせない社会」に学べることがあるのです。

5 「足るを知る」が当たり前

地球の限界は、「もっと便利に」「もっと早く」といった人間の欲から生まれました。そこでサステナブルな世界を追求するために重要なキーワードは「足るを知る」。「もっともっと」ではなく、「これで足りる」という感覚が重要なのです。「足るを知る」感覚は、小さな島には当たり前のように存在しています。

約300人が暮らす東京の御蔵島《みくらしま》は、天候次第では長期間にわたり船が寄りつけず、かつては島に飛来するオオミズナギドリを貴重なタンパク源としていました。島の人々はその貴重な資源を乱獲せず、古くから捕獲時期や数を厳しく取り決めながら制限していたのだと、島に暮らす小木万布《こぎかずのぶ》さんは言います。

「島の人は『島の資源は有限』だと肌で感じていたのでしょう。おかげで今も島の森には数十羽のオオミズナギドリが生息しています」。（2012年『季刊 ritokei』3号コラム・小木万布）

島の周辺には野生のイルカが生息し、1993年頃には観光客が急増。そこで島の人々は海に行くにも山に行くにも制限を設け、観光事業者も自ら観光資源を持続可能に利用する方法を常に模索していると言います。

根底にあるのは「足るを知る」考え方。厳しい自然と海に囲まれながらも豊か

※御蔵島 177ページ掲載

に暮らしてきた先人の知恵が今も多くの島に根付いているのです。

こうした感覚は、より小さな島であるほど顕著に現れます。南極観測隊の経歴も持つ環境学博士の大岩根尚《おおいわねひさし》さんは、自らが暮らす人口１００人の鹿児島県・硫《い》黄島《おうじま》で、そのことを実感しています。

「島のほうがＳＤＧｓの大枠を意識しやすいかもしれません。都会暮らしは『経済』だけで暮らしを成り立たせることもできますが、島ではおすそ分けをしてもらえるような人間『社会』や、魚を釣ることのできる『環境』を維持することにも気を配る必要があるから」（２０２０年『季刊ritokei』31号「島と世界とＳＤＧｓ」特集）

衣食住の何を満たすにも厳しい制約がある島では、強く意識しなくてもＳＤＧｓ的に生きることが求められ、そうでなければどこかで手詰まりとなってしまいます。人々の行動が経済、社会、環境にどう影響するか。その全体感が見えやすい島では、言葉だけではない真のＳＤＧｓが追求できるのです。

6　自然と生きる豊かな感覚

頑丈なコンクリートに覆われたビルの中では、吹き荒《すさ》む嵐を気にせずに過ごすことができます。口にする魚や野菜も、海や田畑から遠く離れた空間では、どこ

※大岩根尚
環境学博士。国立極地研究所第53次南極地域観測隊として南極内陸部の調査に参加。三島村役場ジオパーク専門職員を経て硫黄島に移住。自然ガイドや大学の実習受け入れ、教育・研究のサポート、及びＳＤＧｓや気候変動の普及・啓発活動続けている

※硫黄島
１８８ページ掲載

からやってきたかと思いを馳《は》せない限り、感謝が生まれにくいものです。

自然らしい自然から離れすぎてしまうと、人と自然がそれぞれ独立した存在のように感じられてしまいますが、わたしたち人間も自然の一部であり、地球の一部。空気や水、太陽や大地がなければ生きていくことができません。

日本列島には地球上に存在する火山の7％があり、世界中で起きる地震の20％が集中するといわれるほど強大な自然があります。自然遺産に登録される屋久島《やくしま》で企業研修やファミリープログラムなどの学びを提供する今村祐樹《いまむらゆうき》さんはこう言います。


自然は本来、人間の手には負えない。だからこそ、良い部分を都合よく見るばかりではなく、森と海と川のつながりを実感し、自分たちが生かされている存在であることを知ることが大事なんです。（2022年『季刊 ritokei』39号「島だから学べること」特集）

島の暮らしには地球の上で生きる感覚があります。海がシケたら船は止まり、種を蒔く時期をのがすと作物もうまく育たない。雨風太陽の恵みに感謝しながら、偉大な自然に対する恐れや畏敬の念を抱く。かつての日本人が当たり前に持っていた感覚を、島の人々は今も日々の暮らしの中で体得しています。

あなたは自分を「地球の一部」と感じられているでしょうか？

その感覚が乏しい人は、自然観の強い島を訪れ、そこで生きる人が持つ感覚や

※地球上に存在する火山の7％
日本には全国に111の活火山があり世界の約7％を占める（国土技術研究センター）

※世界中で起きる地震の20％
1994〜2003年に発生したマグニチュード6・0以上の地震の2割は日本周辺で発生（内閣府防災情報）

※屋久島
188ページ掲載

※今村祐樹
103ページに登場

環境にふれることで、地球の一部である感覚を取り戻すことができるでしょう。

7 課題も可能性もみえる「日本の縮図」

日本の島々は「日本の縮図」とも呼ばれています。

例えば「人口減社会」。日本の総人口が減少に転じたのが2008年であるのに対し、島の多くは1950年代より人口減が進み、ピーク時の10分の1となった島も少なくありません。

急激な人口減が起きた社会では何が起きるのか。人が減っても心豊かに暮らすにはどうしたらよいのか。約400島の有人離島には、人口減に歯止めをかけられない島もあれば、過去半世紀にわたって一定の人口を維持し続けている島もあり、うまくいった事例も、そうでない事例も多様に存在しています。

人口は、多すぎても少なすぎても問題を起こします。世界中の島をめぐってきた経済学者の嘉数啓《かかずひろし》さんはこう言います。

「与那国島《よなぐにじま》の人口は2000人程度ですが、かつては1万人以上いて、戦前は人口を間引きするための政策が行われていました。伊江島《いえじま》にも同様なことがありましたが、島にとって最も過酷なことです。人口が減るということは、ある意味では土地が広がり、暮らしやすくなるということ。そこに若い人たちが入ってきて生産活

※島の多くは1950年代より人口減
2015年の国勢調査結果では、令和3年4月1日時点における離島振興対策実施地域の離島(254島)は、約98万人(1955年)から約38万人(2015年)まで減少(国土交通省)

※嘉数啓
1942年沖縄県生まれ。琉球大学名誉教授。アジア開発銀行エコノミストや沖縄振興開発金融公庫副理事長、琉球大学理事・副学長等を経ながら、ロンドン大学やハワイ大学、グアム大学などの客員教授、国際島嶼学会創設理事や日本島嶼学会名誉会長を歴任。著書に『島嶼学』(古今書院)など

※与那国島
190ページ掲載

※間引きするための政策
例えば与那国島の久部良バリ及び久部良フリシには、琉球王府による人頭税の負担にあえいだ島人たちが、妊婦に崖を飛ばせて胎児とともに死に至らしめたとの伝承が伝わる(文化庁)

動でも行うなら、あまり悲観的になる必要はないと思っています」（2017年『季刊ritokei』22号「島嶼学から見つめる日本の島々」）

より良い未来をつくるため、歴史に学べることはたくさんあります。そこでさらに「日本の縮図」に重ねてみると、見えてくる新たな答えがあるのです。

この本では、7つのポイントを軸に日本の島々から集めた〈Way〉と、有識者やキーマンによる座談会〈Dialogue〉により、「自分」「社会」「地球」が豊かに生きていくためのヒントとなるシマ思考と、離島に学ぶ生きる術をお届けします。

※伊江島
189ページ掲載

島がホントで都市がヘン

無類の昆虫愛好家としても知られ、
虫を追い求めて島を訪れることもあったという
解剖学者の養老孟司さんに聞いた、島のこと。

養老孟司

生き残るには万事手近なもので

人の社会が今のような状態で過ごしていていいのか？ と考えざるを得ない状態がそのうちやってきます。最近、いつも申し上げているんですが、南海トラフ地震は２０３８年に起こると予測されています。今から16年後ですから間もなくと言ってもいい。他の地震を誘発すれば、首都圏直下型地震や富士山の噴火も同時に起きるかもしれません。

関東大震災からほぼ１００年経っていますから、それくらいの震災がきてもおかしくないんです。ですから、今の状況が無事に続くとは、僕は考えていません。流通が止まり、日本中が離島状態になります。

そこで一番重要なのは水と食料です。人口密度が低い地域はなんとかやり抜けると思いますが、東京は首都圏直下型が一緒にくると、通信も途絶え、ほとんど生存不可能になります。

そこで生き残るには万事手近なもので間に合わせるしかありません。地域で自立していくことを考えざるを得なくなるんです。

都市生活者はローカルへ

都市生活者は、部分的にでも地域に住むことを実行しなければいけない。僕は参勤交代制度と言っているのですが、一定期間だけでも地域で暮らしてみて、万事自分でやることに慣れていかなければいけません。16年後は今の子どもたちが生きているうちに必ずやって来ますので、今から用心しておくとよいのではないでしょうか。

政府の防衛費を使ってミサイルを何発備えても、この問題はどうしようもないのです。災害が起きた後にどこにお金を落とすか？　誰がお金をどう落とすか？ということを、今から考えていかないといけません。

災害が起こったときにどうすればいいかといえば、やはり地域で自活するしかない。僕は流通が途切れることをよく知っています。戦中戦後、僕は鎌倉に住んでいました。当時は国鉄しかなく、東京へ物資が運ばれていっても、鎌倉などの周辺地域に物資はきませんでした。

どこに価値を置くか？

日常生活は持続可能でないといけないのです。今の都会は日常が持続可能ではない。

AIや自動運転などの技術も進んでいますが、あんなものは頼らない方が日常生活では安全です。自分でできることは自分でする。子どものころから、そのようなクセをつけた方がいい。ボタンひと

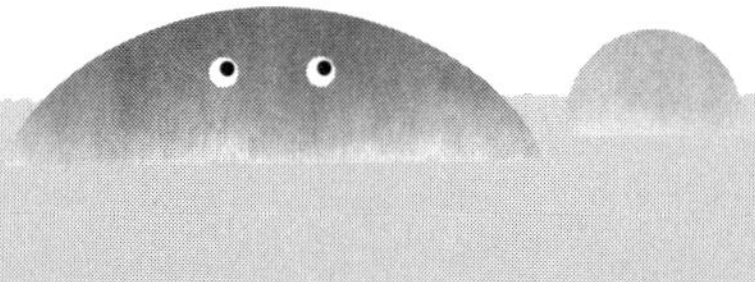

つ押せばいいというのは異常な状態。便利なのは分かっていますが、それは続けられません。

　基準とする生活や価値をどこに置くか？　そう考えると、今の価値観をひっくり返した方がいい。つまり「離島型の生き方は特殊だ」という考えはまったく逆で、「都会型の生き方は特殊だ」と捉えるのです。

住みにくいから子どもが減る

時をさかのぼってみればよく分かります。どっちが長かったかといえば、地域で自給している時代の方がずっと長かった。たまたま材料の安いエネルギーが見つかったから今のような生活が成立しているわけですが、そうすると人が増えなくなってきた。

　先進国は軒並み人口減少しています。都市化することを人間はどうやら「住みやすくなる」と思っているようですが、実は住みにくいから子どもがいなくなるのです。

　東京はもう異常で1・3ぐらい(※)。徳之島の伊仙町の半分ぐらいなのですから。今はものすごく精神疾患が多い。鬱を代表として精神科系の病気が多いですね。みんな我慢して生きているんです。なぜ我慢しなければいけない世界を、努力してつくらなければいけないのか。もうちょっと素直に、ものを考えてみたら分かるのではないでしょうか。

気候変動は人為的な変動

　気候変動について、僕は自然の変動ではなくて、人為的な変動だと思っています。都会みたいにしてしまったら暑いに決まっています。まず木がない。木が生

えていれば涼しいのです。木々はものすごい勢いで水を蒸発させますので。
ＳＤＧｓを志す企業の努力もみられますが、やはり一人ひとり、それぞれの人が快適に日常生活を送ることが根本です。それは人によって違ってくるので、強制的に田舎に行けとは僕は言いません。行きたい人が行けばいい。
ただ、こうした暮らしが続けられないことは分かっていた方がいい。おそらくこの暑い状況が続くと、どこかで原発を動かすしかないとなります。僕はダメだとは言いませんが、結局のところ原発は持続可能でないことが分かっています。ごみの片付けようがないのですから。

必要なのは島くらいのまとまり

持続可能な社会を求めるためにはまだまだ知恵を出さないといけないことが、たくさんあるということです。一人で考えていても駄目なので、やはりコミュニティが必要。島であればまとまってできるでしょう。日本ぐらいの規模になると人が多くて考えるのも大変ですよね。
世界中が都市化したことに対して、自然が残っていることが島の価値だと言うだけではなく、考えを逆転しましょう。島みたいなところで生きるのが人間の本当で、都市は変だということです。

『季刊 ritokei』39号（２０２２年8月発行号）インタビューを再編集して掲載

※インタビュー時点の合計特殊出生率。その後、東京都の合計特殊出生率は１・０４（令和4年度）に低下

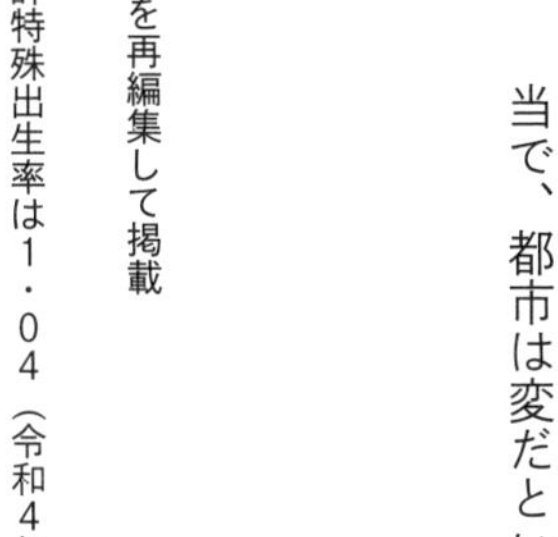

「あなたのシマ」を
思い浮かべてみましょう

1 「あなたのシマ」を思い浮かべて書き出してみましょう。

（例）家族や親戚、町内会や自治会、地元の仲間、子育て仲間、学校の友達、SNSのフォロワー、職場の同僚、スポーツクラブの仲間、趣味のサークル仲間、行きつけのお店で会う常連仲間などのコミュニティや共同体

2 ひとりの人間が信頼関係を結べる人数の上限が150人だとします。１で書き出したシマのうち、あなたが心豊かに生きるために「欠かせないシマ」や、大切にしたい人がいるシマに丸をつけてみましょう。

次のページから始まる＜Way＞の例は、あなた自身やあなたのシマを思い描きながら読み進めてみましょう。あなたとシマが豊かにかわるすべをお届けします。

WAY 一

離島に学ぶ、生きるすべ

WAY ❶

豊かな自分をつくる

生きるために必要な豊かさとは

「豊か」にはいくつかの意味があります。

① 物が豊富で、心の満ち足りているさま。
② 財産がたくさんにあるさま。経済的に不足のないさま。富裕。
③ 物が内部に充ち、ふくらみの出ているさま。
④ 他の語に付き、それに十分に達しているさま。

（広辞苑）

これらの意味では、たくさんのものやお金があれば豊かな状態といえますが、この本で追求したい豊かさは、少し異なります。

物の量には関係がなく、心が満ち足りているさま。
生きるために必要な資本が得られているさま。

この豊かさは、2012年、ブラジルで行われた国際会議で注目を集めた、ウルグアイのホセ・ムヒカ大統領のスピーチにも重なります。

貧乏とは少ししか持っていないことではなく、無限に欲があり、いくらあっても満足しないことです。（ウルグアイ大統領　ホセ・ムヒカ）

ウルグアイは300万人余りが暮らす小さな国。先進各国が集まる会議でムヒカ大統領は、広大な農地がある自国が「生活するために必要な自然の資源にめぐまれた国」であり、そこで労働者が長時間働かなくてもよい仕組みをつくってきたことを誇らしく語りかけました。

そして、人間が生きるために必要なことは、「人と人が幸せな関係を結ぶこと」「子どもを育てること」「友人を持つこと」「地球上に愛があること」であり、「幸せこそがもっとも大切な宝」だと語ったのです。豊かさとは、心が満ち足りてい

※ブラジルで行われた国際会議
2012年6月にブラジルのリオデジャネイロで行われた「国連持続可能な開発会議」

※ウルグアイ
1825年にスペインから独立したウルグアイ東方共和国。日本の約半分の面積に約349万人が暮らす（外務省）

※ホセ・ムヒカ大統領
第40代ウルグアイ大統領（就任期間は2010年3月〜2015年2月）。1959年のキューバ革命時、ゲリラ活動に従事したことからクーデターにより誕生した軍事独裁政権のもと逮捕され、13年間投獄生活を送る。1985年の開放後、政治の道へ。収入の9割を貧しい人々のために寄付し、職務の合間には農業に親しむ大統領として国民に愛され、リオでのスピーチをきっかけに「世界でもっとも貧しい大統領」として世界の注目を浴びた

ること。ものやお金の量とは異なる豊かさを、この本では追求していきます。

「不便」か「シンプルで良い」か

日本の島々には数人から数万人が暮らしています。特に人口の少ない島には、お店や病院がないことも多いため「不便」ともいわれます。

ただし、不便といっても内容はさまざま。どんなことを不便と感じるかは人それぞれの問題です。島に移住したリトケイ読者へのアンケート「移住前の暮らしと比較して島の暮らしは？」の回答には、こんな意見がありました。

「選択肢が減った。商店などで、牛乳などが一種類しかなくてほかに選びようがないことは、シンプルでとてもよい」（２０１５年『季刊 ritokei』15号・読者アンケートより）

今のあなたは、買い物先の陳列棚に並ぶ牛乳が1種類だとしたら、どのように感じるでしょうか。不便と捉えるか、シンプルで良いと捉えるかは、自分自身の考え方次第。誰かに決めてもらうことではありません。選べるものが少なくても、自分自身が満ち足りていればそれでいいのです。

ただ、人の価値観は、身近な生活環境にも左右されます。コンビニは24時間開いているのが当たり前、スーパーや量販店にはあらゆる種類の商品が並んでいる

約100人が暮らす口永良部島の商店は、島から撤退したＪＡの店舗を住民が引き継いだ「くちのえらぶ商店」のみ。食料品や雑貨など必要を満たすだけ品を揃えている

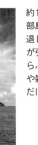

のが当たり前。身の回りになんでもある人は、ないことを想像しにくいため、ないという状態の良し悪しを判断しかねるかもしれません。

自分の心が満ち足りるために、何が必要で何が不要か。小さな島のように、あらゆるものが「ない」環境にしばらく身を置いてみると、ものごとがあふれる環境にいるときには思いつかなかった、「実は、なくてもよかった」というシンプルな答えがぽろりと出てくるのです。

お金で買えない豊かさ

日本に約400島ある有人離島のうち、6割以上が人口500人未満の小さな島です。人口規模が小さくなればなるほど、「お金で得られるものやサービス」は少なくなりますが、お金で買えるものが少ない地域には、「お金では買えないものやサービス」が存在するという、逆説的な魅力があります。

自分の暮らしを想像してみてください。心豊かに生きていくために、あなたはどれだけの「お金で得られるものやサービス」に支えられているでしょう。

久米島《くめじま》にルーツを持ち、「知の巨人」として知られる作家の佐藤優《さとうまさる》さんは、リトケイのインタビューでこう語りました。


「豊かさ」は「お金」とイコールではありません。資本主義社会においては、あら

※久米島
189ページ掲載

※佐藤優
作家・元外務省主任分析官。1960年東京生まれ。2005年発表『国家の罠 外務省のラスプーチンと呼ばれて』(新潮社)は第59回毎日出版文化賞特別賞受賞。母は久米島出身

ゆるモノとサービスを金で買うことができますが、豊かさはお金で買うことができません。その点で離島出身の人たちは、その感覚がうまくできていると思うんです。カール・ポランニーという経済人類学者は「人間の経済」を提唱していて、人間の経済には三つの要素があると言っています。

一つ目が贈与、これは島の中のお金持ちの人が、「あそこの子は出来がいいけど経済状況が良くないから」といって見返りを求めずに応援してくれるようなことが、離島ではよくありますね。

二つ目は互助。人口の少ない離島だと扉に鍵があってもかけませんよね。それで知らないうちに野菜が置かれていたりして、食べ物が物々交換になっています。これが相互扶助です。

最後の三つ目は、お金とモノを交換するような商品経済です。この三つのバランスがとれているのが「人間の経済」になるとカール・ポランニーは言っているのですが、資本主義経済において、特に都市部では三つ目しかない。このことが人々をギクシャクさせている理由なのです。（2022年『季刊 ritokei』37号「島で生きるために必要なお金の話」特集）

バランスのよい「人間の経済」を求めるなら、「お金」よりもむしろ、「お金では買えないものやサービス」を「贈与」や「互助」というかたちで交換し合える相手がいることが重要。小さな島のように「お金では買えないものやサービス」

※カール・ポランニー 1886〜1964年。ハンガリーに生まれ、第2次大戦後は主にアメリカ合衆国で活躍した経済人類学者。いわゆる未開社会の経済から、近代の資本主義経済までを視野に収めた経済史を論じ、経済や交換に関する人類学的研究に大きな影響を与えた（『経済の文明史』ちくま学芸文庫より）

が多い環境は「人間の経済」も成立しやすく、お金では得られない豊かさを得やすい環境とも言えるのです。

島暮らしは競争ではなく共歩

島には、お金で買えない豊かさを大切に感じている人々がいます。西表島《いりおもてじま》で暮らす島の人は、こう表現しました。

「島暮らしは競争ではなく『共歩』というイメージでしょうか。支え合って生きる人のつながりが何より大切。お金で買えるものはあまりないけれど、お金で買えない大切なものがいっぱいあります」（2015年『季刊 ritokei』15号 コラム・山城まゆみ）

大自然の中で生きる島の人の心には、心豊かに生きるために必要な、支え合いの意識が根付いている。そう教えてくれるような言葉です。

巨大なビルのように、天気や気温に左右されにくい頑丈な建物の中で過ごしていると、自然の中で生きているという感覚は薄れてしまいます。

しかし日本は、いつ、どこで大規模な天災がおこってもおかしくない災害列島です。東日本大震災など未曾有の災害が起きた直後は、都内のコンビニやスーパーから「お金で買えるもの」が激減しました。

※西表島
190ページ掲載

そんな時は、都会も地方も島も変わらず、誰もがあらがいようのない自然と寄り添い、地球の上で生きているという事実を思い出します。

世界の歴史をふりかえると、ある日突然、お金の価値が紙切れのようになってしまう事態も起きています。自然の都合でも、人間社会の都合でも、困った事態に直面した時に大事なのはやはり、支え合える相手。そんな相手が身近にいて、日々の暮らしの中でも贈与や互助の交換が行われているとしたら、不測の事態にも立ち向かえる気がしませんか？

「助けて」が循環する支え合い

お金だけでは得られない、レジリエントな生き方は、「島暮らしは共歩」といえる人々に学ぶことができる。そして、そんな力を持つ人が島には多くいるのだと、佐藤優さんは言います。

島で生きる人が持っているサバイバル力にどんなものがあるかといえば、困った時に「助けてください」と言える力です。都会ではどんなに困っていても我慢して、助けてくださいと言えない人が多い。

けれど、島に住んでいる人たちは、親族や友だちに対しても行政に対しても助けてくださいと言える。人に助けてもらう代わりに自分に余裕ができたときには人を

※ある日突然、お金の価値が紙切れのようになってしまう事態
物価が過度に上昇する状態をハイパーインフレーションと呼ぶ。ジンバブエでは1990年代後半以降、脆弱なガバナンスと経済政策の失敗により、インフレ、失業、貧困等が続いていたが、2008年の大統領選挙を巡る混乱と過度の紙幣発行によるハイパーインフレーションによって、経済は極度に混乱。物価上昇率は2020年に557％を記録（外務省）

助ける。つまり、人間の相互扶助を皮膚感覚で持っているということです。もたれ合いは決して悪くはないんです。強い者が弱い者を助けるのは当たり前。また、強い者が弱くなることもあれば、弱い者が強くなることもあるわけですから、そういう循環を維持していくことが重要なのです。（2022年『季刊 ritokei』37号「島で生きるために必要なお金の話」特集）

「助けて」と言えないまま、誰の手も届かなかった人のなかには、自ら命を断つ人もいます。

厚生労働省の調べでは、2022年の自殺者は全国で2万1881人。背景には、経済や生活の問題、家庭問題や職場、学校での人間関係など、多様な問題が重なっていると言われます。

「生きづらさ」を抱えた人が大勢いるなか、「自殺する人が少ない地域」を研究する精神科医の森川《もりかわ》すいめいさんは、自殺希少地域をめぐるなかで、いくつかの島にも訪れました。

瀬戸内海に連なる下蒲刈島《しもかまがりしま》を訪れると、島の老人は「困っている人がいたら、今、即、助けなさい」と言い、移動手段がなく困っていると「乗っていきな」と声をかけられ、他にもトイレを貸してもらったり、食べ物を分けてもらったり。困っている人の存在に気づいた人がすぐに助けることが、自殺の少ない地域に共通していたので

※森川すいめい
1973年、東京生まれ。精神科医。鍼灸師。オープンダイアローグ(開かれた対話)トレーナー。2003年にホームレス状態にある人を支援するNPO法人「TENOHASI」を設立。認定NPO法人「世界の医療団」ハウジングファースト東京プロジェクト代表医師・理事。著書に自殺希少地域5地域を訪ねた記録をまとめた『その島のひとたちは、ひとの話をきかない』(青土社)など

※下蒲刈島
181ページ掲載

す。（2023年『季刊 ritokei』43号『島で守る命と健康』特集）

下蒲刈島の人々が持つ「困っている人がいたら即、助ける」という姿勢は、SDGsが掲げる、「誰一人とりのこさない」精神のお手本ともいえます。

未知のウイルスにも負けないために

2020年、新型コロナウイルス感染症の拡大により、世界中がパニックに陥りました。人々は未知のウイルスにおびえ、感染者の自宅に石を投げるなどの差別的な行動を起こす人も現れ、一部の島でも同様の問題が起こりました。

日本で最も人口の少ない村としても知られる青ヶ島《あおがしま》で7年間、保健師として活動した青木《あおき》さぎ里《り》さんは、コロナ禍を例に、小規模コミュニティで生きることのプラスとマイナスについてこう語りました。

島の住民は日頃から、島の外へと「押し出す力」と、島内に「引き止める力」の綱引きの中にいるように感じています。

「本土の方が良い生活ができる（就労、医療、福祉、教育など島にはない資源がある）」「（介護などが必要になり）迷惑をかけたくないので出よう」といった島外への移住を促す力（押し出す力）と、「住み続けたい」「出ていかないでほしい」「これく

※青ヶ島
177ページ掲載

※青木さぎ里
1976年東京都生まれ。自治医科大学看護学部講師。NPO法人へき地保健師協会代表理事。専門は地域看護学。自給自足への憧れと大学時代に島を訪れたことをきっかけに、青ヶ島村の保健師として約7年活動し、現在は島やへき地で活動する保健師のサポートを行う。著書に『離島の保健師 狭さとつながりをケアにする』（青土社）

青ヶ島の風景。海中からそびえたつ断崖絶壁の島に役場・学校・病院などが揃い、約160人が暮らしている

らいならやっていける」といった島内居住を継続する力（引き止める力）。社会資源の乏しい島ほど「押し出す力」が強くなります。

コロナの恐ろしさは、感染者を「押し出す力」が強大になり、本来「引き止める力」となるはずの家族や近隣住民と、突然引きはがされてしまうこと。さらに、外出自粛で周囲の人との接点も減り、「引き止める力」は弱まりました。感染者が出れば経済的影響も避けられず、患者本人は「迷惑をかけた」と感じて居づらくなり、島を離れてしまうような現象も起こりました。（2020年『季刊 ritokei』33号「島から考えるポストコロナ」特集）

　未知のウイルスに怯えるあまり、地域内の仲間を押し出してしまう。そんな事態を招かないためには、「帰ってきてね」「ともに生きよう」といったメッセージを意識して発信することだと青木さんは言います。

自分だったらどう思うか

　隠岐諸島の海士町《あまちょう》では実際に、そんなメッセージが島の有志によって発信されていました。

海士町で初めてコロナ感染者が出た時、『もしあなたが感染したらどげな声かけて

※海士町　176ページ掲載

もらうとうれしいだらぁか?』というチラシを島の有志でつくって配布したんです。雲南市でコミュニティナースとして活躍する矢田明子《やたあきこ》さんが早い段階から『自分だったらどう声をかけられたらうれしい?』という声かけを実践していたのを見て取り入れました。（2023年『季刊 ritokei』43号「島で守る命と健康」特集・阿部裕志）

約2300人が暮らす海士町では、普段から役場職員や地域内のリーダー、医療関係者が「横串の関係」でゆるくつながっていたとのこと。そんな場が、コロナ禍でのポジティブな支え合いを生みだしたのです。

青木さぎ里さんはこう言います。

未知の問題に直面する際に役立つのは、むしろ失敗例です。「非難」は思考停止に近い。感染＝失敗ではありませんが、身近な感染事例からどう学べるかが大事。「感染してもいい」という雰囲気をいかにつくっていけるかが明るい未来への鍵となると思います。「完璧でなければ」と自分や周りを追い詰めず、「むしろありがたい」「皆で成長しよう」と感染者を支えられると良いですね。（2020年『季刊 ritokei』33号「島から考えるポストコロナ」特集）

この先もいつ、未知のウイルスが登場するか分かりません。ウイルスでなくとも、人々のつながりを壊しかねない課題が現れることもあるでしょう。そんな時、

※コミュニティナースとして活躍する矢田明子さん　地域内で「人とつながり、まちを元気にする」コミュニティナースは、島根県出雲市出身の矢田明子さんが父の死をきっかけに着想したコンセプト。職業や資格ではなく、誰もが実践できる行為・あり方（株式会社CNC）

海士町の日常風景。職業や役職、年代を超えて語り合う時間が、不測の事態を超える「横串の関係」をつくっている（提供：風と土と）

自分はどのようにふるまえるか。まずは「自分だったらどう思うか？」と考え、皆で成長できる方法を考えることも、心豊かに生きる術のひとつです。

監視と思うか、見守りと思うか

支え合える相手の存在は大切であるものの、支え合いの強い少人数社会では時に、他者との関係に息苦しさを感じることもあります。例えば「うわさ話」。リトケイの読者アンケートでも、島暮らしの大変さについて「うわさがものすごい速さでまわる」「プライベートがない」と回答する人はめずらしくありません。人との距離が悩ましい時には、どう考えるとよいか。青木さぎ里さんはまず、自分自身の心掛けとしてできる「受け取り方」を提案します。

島は24時間生活が丸見えの感覚がありますが、それを「見守り」だと思うか「監視」だと思うか。自分が弱っている時ほど「監視」と感じやすいものです。見守りも監視も、もとは共に生きる仲間に対する気遣いから生まれています。また、住民が互いを「見る」のは、互いから学び合っているためです。

小さな島ほど、住む人の存在そのものが島の財産でもあります。心細く疑心暗鬼になった時こそ「自分のありのままが周りの役に立っている」と思うトレーニングをするのも良いかもしれません。（2020年『季刊 ritokei』33号「島から考えるポストコロナ」特集）

受け取り方で乗り越えられる壁もありますが、行き過ぎたうわさ話はそのコミュニティを「生きづらい」環境にしてしまうことがあります。

生きづらさを感じるコミュニティを「生きやすい」コミュニティに変えるにはどうしたらよいか。精神科医の森川すいめいさんはフィンランドを例にこう教えてくれました。

「世界一幸福度が高い国としても知られているフィンランドの人々は、『その人がいないところで、その人の話をしない』ということを徹底していました。かつては自殺率が高かったフィンランドでは、オープンダイアローグという対話手法を取り入れながら生きごこちのよい国づくりを進めています。そこでは『本人に直接聞かなければ分からないことは勝手に解釈せず、本人がいる場で、理解しあえるまで何回も話す』ことを意識しながら対話されていて、革新的だなと思いました」（2023年『季刊 ritokei』43号「島で守る命と健康」特集）

島のように小さな社会には、うわさ話がつきものです。それが誰かの勝手な解釈により広がったネガティブな話だとすれば、うわさの的となった人は生きづらさを感じてしまいます。うわさ話との折り合いの付け方は、自分だけでなく、誰もが生きごこちのよい社会をつくるための重要な術といえるでしょう。

※世界一幸福度が高い国
「持続可能な開発ソリューション・ネットワーク」（SDSN）が発表した「世界幸福度報告書」では、6年連続でフィンランドが1位に（World Happiness Report 2023）

老いても豊かに生きるには

日本は超高齢化社会への道を突き進んでいます。
2036年には3人に1人が65歳以上の高齢者に。現役世代が減り国の経済力が下がれば、過去60年にわたって続いてきた社会保障制度も成り立たなくなるとも言われています。

そんな社会で、老いても幸せな地域をつくるにはどうしたらいいのか？ 奄美大島では、住民たちによる元気な支え合いグループが、老いても幸せな地域づくりを叶えています。

奄美大島の南西部にある大和村《やまとそん》は、人口約1500人。高齢化率は約40％で、高齢者などの介護福祉は、他の市町村と同様に行政が主導しています。2011年のこと、「行政のサポートが住民の自助共助力を奪ってしまわないように」と考えた役場担当者は、住民流福祉総合研究所が提唱する「支え合いマップづくり」を導入し、村内11集落のそれぞれでマップづくりを行いました。

各集落から集まったのは「世話好き」で知られる住民たちでした。

「ひとり暮らしの人は？」「その人を誰が見守っている？」など対話しながら、集落内での人の行動や人間関係を地図に書き込んでいきました。

その結果、「働き者のあの人が、近ごろ畑仕事をしなくなっているね」「足を悪く

大和村で開かれた「支え合いマップづくり」の風景

してから力仕事が大変になったみたい」と、地域内に暮らす人の行動が浮かび上がり、「じゃあ畝上げだけでも手伝おうか」と、必要なつながりや支援が見えてきました。
（2020年『季刊 ritokei』32号「ずーっと島で暮らしたい」）

これに対し、大和村は「そこに暮らす人が動かなければ、住みたい地域はつくれない」と考え、行政から支援メニューを提供するのではなく、住民側から求められることに対して必要な支援をすることに。その結果、村内では自然発生的に10の支え合いグループが誕生したのです。

名音（なおん）集落の支え合いグループは、物置小屋を改装し、毎週土曜日に地域の人が集まりお茶を飲むサロン「笑談所《しょうだんしょ》」を開設。歩いて行ける身近な場所にできた集いの場は、閉じこもりがちな人に外出の機会をつくり、おしゃべりの中での安否確認や、奄美医療生協による血圧測定や骨密度測定などの健康チェック、子どもたちへの文化継承の場など、多面的な効果をもたらしています。

さらに、別の支え合いグループと連携し、買い物の悩みを抱える高齢者に向けて、集落内の商店で販売できる惣菜を増やすなど、支え合いの輪が広がっているのです。
（2020年『季刊 ritokei』32号「ずーっと島で暮らしたい」）

物置小屋を改装した笑談所の風景。毎週土曜日に地域の人々が集まり談笑している

足元にある環境から宝を探す

行政主導ではない支え合いが広がった背景には、大和村にもともとあった「誰かが困っていたら、できることを手伝うのは当たり前」「停留所でバスを待つ時間には、認知症の人も交えて井戸端会議が始まる」「夕方になると誰ともなく浜辺に集まり、皆で夕涼みを楽しむ」という風土も大きく影響しています。

第一線を退いた高齢者も、タコ捕り名人や島踊りの名手など、島暮らしに欠かせない技術や経験を蓄える宝であり、そこで暮らす一人ひとりが何かしらの役割を果たし、支え合うことで暮らしを成り立たせる文化があったのです。

大和村役場の早川理恵《はやかわりえ》さんはこう言います。

私たちの足元に、宝ものがあるのです。答えもヒントも、そこに生活する住民が持っています。大切なのは、人の暮らしをよく見ること。地域には目立たないけれど、とても大事な住民同士の活動がたくさんある。住民同士の信頼関係や、お互いを気にかける思いやりの心など目に見えない部分を大切にしたい。他地域でうまくいっている地域づくりの好例をそのまま地元に当てはめても、地域と人の実情に合っていなければうまく機能しません。集落ごとに異なる暮らしの在り方を見つめ、地域の個性や人々の価値観を尊重することで、もともと持っていた良さを活かし、強めることができるのです。（2020年『季刊 ritokei』32号「ずーっと島で暮らしたい」）

停留所での井戸端会議風景。こうした日常的な交流の中からも支え合いのきっかけが生まれている

土地の風土は長い年月をかけてできあがります。一朝一夕にはできないからこそ、大切にすべきものがあり、人の個性が一人ひとり多様なように、土地の個性もそれぞれ多様。「うちの地域では無理だ」と、隣の芝を青くながめてしまうこともあるけれど、早川さんの言うとおり、地域づくりは地域と人の実情にあってなければうまく機能しないもの。まずは、自分が暮らす地域を足元からみつめ、大切にできる宝を探してみましょう。

疲れたら休んでもいい

コミュニティの中に孤独・孤立を生み出さないためには、人と人の支え合いがなにより大切です。都会では行政や民間のサービスに頼らざるを得ないコミュニティが多くありますが、島にならえば住民同士の共助をベースにした支え合いを取り戻すことができるかもしれません。

しかし、住民同士の支え合いにはボランティア活動も多く、意見の相違やすれ違いが起こることも。そんな時には、大和村の早川さんのようにこんな風に考えてみましょう。

「活動に疲れたら、お休みしてもいいんです」（2020年『季刊 ritokei』32号「ずーっと島で暮らしたい」）

それは地域活動でも趣味のサークルでも同じ。継続させるには関わる人々のペースに合わせることや、難しいことばかりにとらわれず前向きに進むしなやかさが必要。活動の途中で心に黄色信号が灯った時は、お休みすることも「良し」とすることで、自分自身も持続可能になるのです。

「あなた」と「あなたと支え合う人」が心豊かに生きるために

あなたが関わるシマをひとつ選び、そのシマで「あなた」と「あなたと支え合う人」が心豊かに生きるために、やってみたいことを自由にお書きください。

1 そのシマはどんなシマですか？

2 そのシマで「あなた」が心豊かに生きるために、新たにやってみたいことは？

3 そのシマで「あなたと支え合う人」が心豊かに生きるために、新たにやってみたいことは？

奄美大島・大和村の人々はどんな活動も「疲れたらお休みしてもいい」といいます（58ページ）。まずは肩の力を抜いて、やってみたいことを一歩すすめてみましょう。

WAY
❷
心豊かな社会をつくる

皆の島は皆で守る

人々が心豊かに生きることのできる社会を維持するには、安心安全や衣食住の必要を満たせるだけの財政力が必要です。しかしながら、四方を海に囲まれる離島地域は、何をするにもコスト高。離島自治体の財政力は過疎自治体よりも低く、財政破綻が懸念される地域も少なくありません。

島根県の離島に、財政破綻の危機を乗り越えたトップランナーとして知られる海士町があります。隠岐諸島のひとつで島名は中ノ島《なかのしま》。島名よりも「あまちょう」という町名で親しまれ、中ノ島と寄り添うように浮かぶ西ノ島《にしのしま》と知夫里島《ちぶりじま》の3島

※離島自治体の財政力は過疎自治体よりも低く
市町村区域の全域が離島である35市町村86島の平均（令和3年）は0・19。奄美群島エリアは0・16で全国平均0・50、過疎地域0・29に対し低い（総務省「地方公共団体の主要財政指標一覧」）

をあわせ隠岐島前《おきどうぜん》と呼ばれています。

1950年には1万6000人を数えた3町村の総人口は、約5700人まで減少。産業衰退や財政難など多様な課題を抱えた3町村は、1999年から2006年にかけて行われた「平成の大合併」で、合併協議を行なっていました。

3274市町村のうち1411が減少した平成の大合併。3町村は合併を選ばず、2003年のクリスマスに行われた合併協議会の解散をもって、独自の地域づくりをスタートさせました。

いずれの島も苦況に立たされていたが、解散文書には「まさに島の存亡の危機に直面する中で、今後は3町村で力を合わせ、国や県に対して、このような島嶼地域にあっても自主的・主体的な行政運営が可能となるよう積極的に働きかけていく」と記され、それぞれで独自の地域づくりがスタートした。

それから現在に至るまで、海士町では山内道雄《やまうちみちお》前町長が著した『離島発 生き残るための10の戦略』（生活人新書）などに詳しい、さまざまな施策が実行された。そして、平成30年5月に町政を引き継いだ大江和彦《おおえかずひこ》町長が「みんなでしゃばる（みんなでがんばる）」を掲げ、その地域づくりは新たなフェーズに入っている。

その中のひとつ、平成20年にはじまった「隠岐島前高校魅力化プロジェクト」では、島前3町村の子どもたちが通う島根県立隠岐島前高校が統廃合の危機から一変。平成23年には生徒数のV字回復を果たし、離島僻地では異例の学級増加まで叶えてい

海士町の玄関口・菱浦港の風景。港の徒歩圏内に隠岐島前高校も立地する（提供・風と土と）

※高校魅力化プロジェクト
町・地域・県立高校が協働で魅力的な学校をつくるプロジェクト。2008年に隠岐島前高校でスタートし、全国に波及。同高ではその結果を「成功事例」ではなく「挑戦事例」だと掲げている

る。（2020年ウェブ版『ritokei』掲載「島×地方創生『ない』から生まれる創造力の『ある』島へ」）

交流・対話・本気が生み出す豊かな社会

島の存続をかけ、行政職員だけでなく、住民や専門家を交えた対話を繰り広げながら、さまざまな施策を実行してきた海士町。その特徴は、人々の声から聞こえてくる「本気」と「交流」の渦にあります。

いまや全国に広がった高校魅力化プロジェクトや地域・教育魅力化プラットフォーム、漁業水産業や観光業の振興に、島の担い手を全国から集める「大人の島留学」、全国初となった複業協同組合の立ち上げなど、創造的な取り組みが実現される背景には常に、人々の「本気」があるのです。

心に真剣な気持ちを抱いていても、恥ずかしくて言葉にできない人は少なくありません。それではなぜ、海士町の人々は自身の想いを言葉にできるのか。その理由に「交流」があることを、2008年に海士町に移住して以来、地域づくりに携わってきた阿部裕志《あべひろし》さんが教えてくれました。

どの地域にも豊かな暗黙知があります。そして、その暗黙知が言語化されるには「交流」が必要になります。海士町には視察や人のつながりで訪れる人が多く、「島の魅力は何か」と何度も聞かれます。役場の人でなくても、観光の人でなくても、島の

※大人の島留学
隠岐島前地域で行われている国内外の若者たちへ向けた就労型お試し移住制度

※複業協同組合
2020年に設立された海士町複業協同組合は、地域人口の急減に直面している地域において、農林水産業、商工業等の地域産業の担い手を確保するための特定地域づくり事業（季節ごとの需要に応じて複数の事業者の事業に従事するマルチワーカーの派遣事業）を行う事業協同組合に対して財政的、制度的な支援を行う「特定地域づくり事業協同組合制度」の第1号として誕生

※阿部裕志
115ページの座談会に登場

ことを何度も聞かれるうちに言葉にできるようになり、言語化が進んでいくのだと思います。この島の人は言語化能力が異様に高いと言われたことがありますが、能力が高いというよりも経験できる機会が多いのだと思います。（阿部裕志）

海士町の人々は、島にやってきた移住者の大先輩として後鳥羽上皇《ごとばじょうこう》の名前を挙げます。「島流し」でやってきた知識人と交流することで、島の人々は新たな知恵を得て、自らが暮らす地域の未来を考えてきたというのです。

そんな風土を活かしながら、全国から視察に訪れる人や移住者との対話を重ね、さらに知恵を増やし、磨き、実践する。それは大人だけではなく、子どもたちも同じ。

島前高校には「夢ゼミ」というプログラムがある。島というローカルから世界を展望し、自分自身の夢を言語化していくプログラムに鍛えられている子どもたちは、日々、自分や、地域や世界の未来に思いを馳せている。子どもだけではない。地方創生の最先端に触《ふ》れようと海士町を訪れる人の中には、世界規模で活躍する人も多いため、海士町ではローカルと、世界と、自分自身の未来を語る機会が多いのだ。
（2020年ウェブ版『ritokei』掲載「島×地方創生『ない』から生まれる創造力の『ある』島へ」）

地域づくりのトップランナーと呼ばれる島の豊かさは、交流・対話・本気から

※後鳥羽上皇
1221年「承久の乱」を機に海士町へ配流され、崩御されるまで19年間を過ごした。後鳥羽上皇を祀る隠岐神社は、親しみをこめて「ごとばさん」と呼ばれている

海士町と隠岐島前高校と連携した公立の塾「隠岐國学習センター」も、島の子どもたちが夢を語り合う拠点のひとつとなっている

生みだされているのです。

できないことは連携で超える

人口わずかな島には、島の人だけではできないことがあります。世界規模で深刻化する海洋ごみ問題もそのひとつ。山形県の飛島《とびしま》では、1990年代後半から漂着ごみが目立ちはじめ、ごみが流れつきやすい日本海側の海岸には、最大で2メートルもの高さにごみが堆積。この問題は、2006年に成立した海岸漂着物処理対策推進法が生まれるきっかけのひとつにもなりました。

人口100人台の小さな島だけではどうすることもできない問題を解決するべく、住民は県や市に要望。2001年に、島外ボランティアを募る「飛島クリーンアップ作戦」がはじまりました。翌年からはNPO法人パートナーシップオフィスが事務局を担う実行委員会形式となり、堆積していたごみの回収を続けること10年。もとの砂浜が姿を現したのは2011年のことでした。

飛島の海ごみ対策は、数百名規模の島外ボランティアによって支えられている。毎年100人のボランティアが結集する飛島クリーンアップ作戦のほかにも、2016年からは約90大学・4000人の学生が参加するNPO法人国際ボランティ

※飛島
176ページ掲載

※海岸漂着物処理対策推進法
2009年7月施行。正式名は「美しく豊かな自然を保護するための海岸における良好な景観及び環境の保全に係る海岸漂着物等の処理等の推進に関する法律」

ア学生協会「IVUSA《イビューサ》」のメンバー100人と山形県内の大学生約50人が、学校の体育館などに寝泊まりしながら3〜4日間の日程で海岸清掃活動を実施。

酒田市のボランティア助成に申請することで船代が補助される仕組みを使い、酒田市本土側の子ども会や中学校の部活、市民団体なども海岸清掃に訪れている。

（2019年『季刊 ritokei』28号「島と海ごみ」特集）

しかしながら、一度清掃しても繰り返し流れ着くのが海洋ごみ。さまざまな組織や個人と連携した活動は今も続いています。

海洋ごみの清掃を、多様な連携で解決しようとする島はほかにもたくさんあります。石垣島《いしがきじま》の海LoveネットワークやNPO法人宮古島《みやこじま》海の環境ネットワーク、隣国・韓国の大学と連携した海洋ごみ清掃を行う対馬など、地域内の力だけで叶わないことは、他者とうまく連携することで乗り越えているのです。

関係人口に資源をシェアする

海岸清掃のため毎年多くの人々が来島する飛島には、たくさんの「関係人口」が生まれ、そんな人々が小さな社会を支える一員になっています。

2012年に飛島に移住した松本友哉《まつもとともや》さんは、飛島クリーンアップ作戦の事務局を担当していた飛島出身の渡部陽子《わたべようこ》さんや本間当《ほんまあたる》さん、小川ひかりさんと共に、

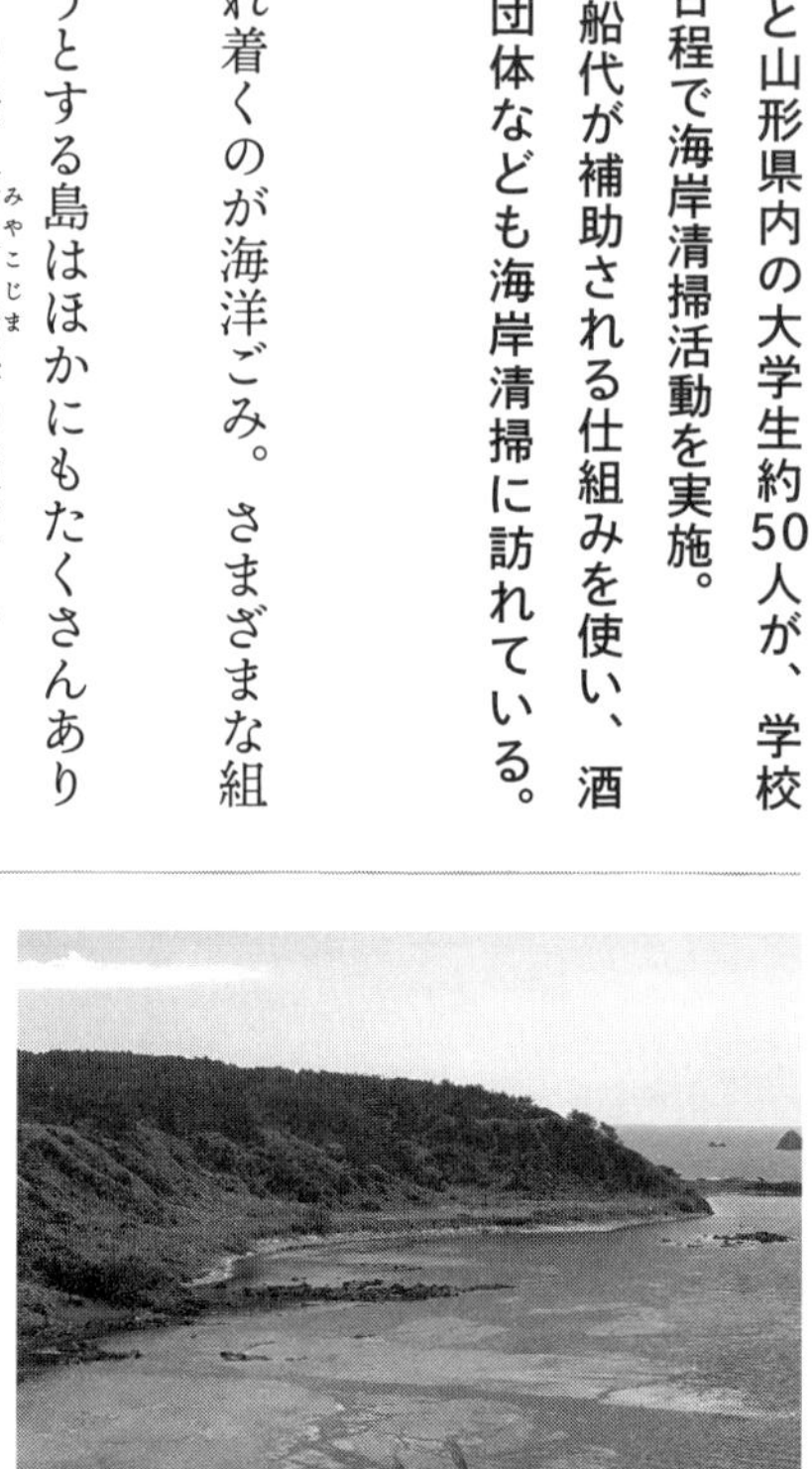

かつては2メートルの高さまで海洋漂着ごみが堆積していた飛島の海岸。堆積したごみは10年かけて回収され、今も島内外の人の手によって回収作業が続けられている

※関係人口
移住した「定住人口」でもなく、観光に来た「交流人口」でもない、地域と多様に関わる人々を指す言葉（総務省）

合同会社とびしまを設立。平均年齢が70歳を超える飛島に生まれた平均年齢約30歳の会社は、「有給休暇3カ月制度」などアイデアフルな仕組みで社員を集めながら、島の「風景」「資源」「価値」「体験」を生産。カフェ運営やガイドなどの観光業から、土産品の製造、冬場の除雪作業や生活インフラの管理など、幅広い業務をこなしています。

なかでもユニークなのが関係人口との連携姿勢です。合同会社とびしまでは「人口100人の維持」を掲げるものの、100人だけでは島の営みのすべてをまかなうことができないため、「しまびと」と呼ぶ関係人口を集めているのです。「しまびと」との交流にはオンライン上の交流プラットフォームが使われ、飛島に興味関心を持つ人々が島に集合するリアルな合宿も開催されています。

島の課題をお題に、「しまびと」が持つ技術やノウハウが掛け合わされることで、小さな島だけでは叶わないアイデアも次々に実現。海洋ごみを運ぶ「運搬ロボット」や、ドローンでカレーを配達する「空飛ぶカレープロジェクト」、「コスプレの聖地」として新たな関係人口を産むプロジェクトなど、ユニークな企画が生まれています。関係人口の重要性について、松本友哉さんはこう話します。

離島は基本的に赤字です。定期船の運航や港湾の整備など、支出の多くを島外の税収によって賄っています。人口減少社会において税収は厳しい状況が続くため、少ない予算の中でも離島の存続を望む島外の人々がいなければ成り立ちません。自

※有給休暇3カ月制度
観光や漁業が閑散期となる10～3月のうち3カ月を有給休暇とできる制度

※運搬ロボット
合同会社とびしま、仙台高専、農機具メーカーなどが合同で開発した海岸漂着ごみの運搬ロボット

腹を切ってでも自分の好きな島を維持したいと思うほどの愛着を持った関係人口が不可欠なのです。そのためには、目の前の仕事をこなすことも大事ですが、日々の取り組みが島外の人々との関係づくりに繋がっているかどうか考える必要があります。

例えば、宿泊や体験といった観光業は、来島者と触れ合う絶好の機会であるため、長期的な関係を築いていくために、滞在にかかる経費を可能な限り減らして一緒にいる時間を増やす仕組みが考えられます。

大切なのは、島内のメリットを手放して島外にシェアすることです。自然や文化といった資源を共有してオープンな島づくりを進め、島内外の人々と共に愛着を育んでいきたいと思います。（2022年『季刊 ritokei』37号「島で生きるために必要なお金の話」特集）

飛島のある酒田市は、本土と島の両方を管轄する自治体で、飛島はへき地。島に限らず、市町村の中心から遠くはなれたへき地では、行政の施策や支援が十分に届かない地域があり、今は届いていても今後の人口減少や財政難によっては、断ち切られる可能性が高い地域もあります。

飛島のように資源を共有できる関係人口を増やし、地域内だけでは解決できない課題を超える術は、小規模地域の生き残る策となるでしょう。

飛島の玄関口・飛島港と集落の風景。島の資源を関係人口にも共有することで、さまざまなアイデアが生まれ、実現に至っている

関係人口よりも信頼人口

人口約25万人の下関市にある人口約80人の六連島《むつれじま》には、関係人口ならぬ「信頼人口」を増やそうという動きがあります。中心市街地から船で約20分の六連島は、ピーク時には２００人が暮らし、保育園児だけでも30人を数えましたが、今は保育園も閉園。島には学校も飲食店も宿泊施設もありません。

約４００島の有人島のうち人口１００人未満の島は3割。観光が盛んな島を除けば、そのほとんどは「暮らしの場」であり、インフラの乏しい島は少なくありません。

小さな島の存続には飛島のように、居住人口だけでなく交流人口が重要。人の行き交いがある限りは航路も存続し、島を支えるひとりともなりえます。

六連島に信頼人口が生まれたきっかけは、市の振興事業でパンフレットづくりを担当したひとりが、島で育つ玉ねぎのおいしさに感動したことに始まります。市内のカフェで島の話に花を咲かせるうち、興味を抱いた人々が次々と島に渡り始め、島のファンとなっていきました。

そして、そのうちのひとり、宮城宏明《みやぎひろあき》さんが島の地域おこし協力隊として着任すると、さらに活動は活発化。ビーチクリーンや農作業、お祭りの神輿《みこし》担ぎまで、島のあらゆるイベントに島外のファンが参加するようになり、避難所兼集会所になっている旧保育園もファンの手によってリノベーションされました。

※六連島 １８４ページ掲載

六連島の玉ねぎは、島に集う有志が「六連オニオン」と命名。彼らの口コミから評判が広がり、こだわりの八百屋などでの扱いも広がっている

六連島の有志が立ち上げたファンサイトには、島と関わる者としてのマナーが啓蒙されています。

「兎《と》にも角《かく》にも敬意をもって」「まずはしっかり交流」「六連島のことを知ろう」「島は島の人々の生活の場」「関わらせて頂いている気持ちを忘れずに」「アイデアのゴリ押し厳禁」「野心は本土に置いていく」「弁当と飲み物は必須」（六連島ファンサイト『MUTSURE・JP』より）

楽しげな雰囲気をまとわせる活動の中心軸に、「信頼を大事したい」という想いが鎮座。住民やファン、行政担当者が集まる取材時にはこんな話がありました。

本業は美容師という岡崎信和《おかざきのぶかず》さんは、「関係人口という定義は入り口としてはありだけど、島ではもっと上位を目指すべきではないかと思ったんです」と言う。美容室でイメージすれば、関係人口の創出は「新規顧客に向けた割引広告キャンペーン」とも聞こえるが、大事なのはやはり既存の顧客との信頼。「信頼ができればできるほどリピートする」状態が理想なのだ。地域おこし協力隊として活動する宮城さんのミッションにも「信頼人口を創出」という言葉が掲げられている。つまり、この界隈で起きているものごとには「信頼」が根を張っているのだ。（2022年『季刊 ritokei』38号「つよくやさしくたのしい地域共同体に学ぶ 島のシマ」特集）

2021年の例大祭で神輿をかつぐ宮城さん。コロナ禍で帰島できる縁故者が減るなか、六連島ファンが15名以上集まりにぎやかな祭りとなった(提供・MUTSURE.JP)

小さな社会の存続には外部との交流が重要。その交流がネガティブな結果を生まないよう、六連島では「信頼」を軸に据えているのです。

公共施設づくりも工夫と連携で

豊かな社会をつくるにも、特に小さな自治体では財政難や人材不足という難題が立ちはだかります。

沖縄本島の西部に浮かぶ座間味村《ざまみそん》は人口1000人に満たない小さな自治体。村の職員は非常勤を除くと70人に満たず、村政を担う人材は限られています。座間味村では、老朽化した役場庁舎を建て直すため、沖縄では初となるPPP、リース方式を採用。そこには財政難や人手不足を超える工夫と連携がありました。座間味村の宮里哲《みやざとさとる》村長はこう言います。

「僕は村長になる前から行政職員だったのですが、役場に入ってくる住民の方が、『いまさっきここからブロック落ちてきたよ』と話をしていてまずいなと思っていたんです。村長になってからもしばらく建て替えることができなくて、その後3・11もあってとにかく建て替えないといけないと思いました。

しかし、お金がないんです。道路や学校等をつくるなら国の補助金があるので村の負担だけをどうするか考えればよく、いわゆる起債（民間企業でいう借金）をす

※座間味村
189ページ掲載

※PPP
Public Private Partnershipの略。官民が連携して、公共施設やインフラなどの整備・運営を行う考え方

※リース方式
民間が資金調達から公共施設の設計・建設、維持管理などの業務をトータルで行い、そのサービス対価をリース料として受け取る契約の仕組み。初期投資を抑え費用を平準化することができる

ればなんとか計画を立ててつくることができます。
ところが、庁舎建設には補助金がない。3・11以降は高台に庁舎を移転する場合にはそれなりの補助金つけるという制度ができましたが、座間味村の場合は地形的な問題や利便性から考えると、集落内にしかつくれなかったんです」（2023年ウェブ版『ritokei』「手をつなぎ、拓く持続可能な島の未来」）

座間味村にはさらに、離島特有の輸送費の高さから、建設工事の入札が不調に終わる状況もありました。そこで大和リースと連携し、コスト削減と人材不足をクリアにしながら、理想の庁舎建設を叶えました。庁舎建設後は、同じ方式で職員住宅も整備。さらには、行政が所有する土地を活用して民間のアパートを建てる官民共同アパートの建設など、新たな方式での住環境整備が進められています。
PPPやリース方式、官民共同アパートなど、新しい仕組みがあっても、「わからない」「前例がない」ことを理由に活用に至らないことは少なくありません。宮里村長は、行政職員であるほど「外に行くべき」といい、新たな知識やアイデアを得てくることが大切だと言います。それにより新たな方式を取り入れることができるのです。

「住宅整備を簡単にできない事情に対して『どうやってつくるか？』と考えるのですが、そこではやはり民間企業の皆さんと連携していくことがとても重要になり

4つの有人島からなる座間味村の人口は約900人。人材不足や財政難など、小規模自治体にとってはハードルの高い役場庁舎の建設を、パートナーとの連携により効率的に実現した

ます。他の例では座間味村の自然を守る活動を支援してくださる企業などもいらっしゃりとても感謝しています。島だけではできない部分を支援していただき、活動できる環境づくりも大切ですね」（2023年ウェブ版『ritokei』「手をつなぎ、拓く持続可能な島の未来」）

想いだけでは叶わない

甑島《こしきしま》列島で生まれ育った山下賢太《やましたけんた》さんは、2010年にUターンして以来、大好きだった風景が開発により崩されていたことに危機感を覚え、島の原風景を守ることを決心。東シナ海の小さな島ブランド株式会社を立ち上げ、島で途絶えかけていた米づくりを復活させ、島からなくなっていた豆腐屋を集落内に開きました。

「昔、島の港に『波止ん段（はとんだん）』という大好きな場所があったんです。大木の下に子どもからお年寄りまで島の人たちが自然と集まってきて、いろんな話をする場所で。でも、高校生の時に久しぶりに島に帰ったら、港の改修工事で波止ん段が壊されている現場に行き合わせたんです。

しかも、それをやっていたのは建設会社に勤める父だった。それがショックで。責める僕に対して、父が言ったのはたった一言、『オマエのためだ』って。そりゃそうですよね。高校行くお金もそれで出てるわけですから。

※山下賢太
155ページ座談会に登場

その時に、あぁ大好きな場所を守るためには、想いだけじゃだめなんだって思い知ったんです」（2012年『季刊 ritokei』2号「逢いたい島人」）

小さな島では商売を成り立たせることは簡単ではなく、時に周囲からの反対にあうなど、次々と高い壁が立ちはだかります。山下さんはその度に、強い思いをブログやSNSで発信し、その志に共感した仲間を島内外で集めてきました。そして今、豆腐屋、宿泊施設、アンテナショップ、空き家改修事業など、多様な事業を動かす担い手に。そしてその熱は、他地域にも伝播していきます。

２０１９年、有人離島に暮らす人口では日本一の鹿児島県が推進する離島地域おこし団体連携支援事業の実行者に選ばれた山下さんは、鹿児島離島の人と地域をつなぐ「鹿児島離島文化経済圏（リトラボ）」を立ち上げました。

「志ある人々が一同に会し、それぞれの役割を果たしながら互いに目線を合わせて繋がり合うことが目的」（2019年ウェブ版『ritokei』「鹿児島離島文化経済圏レポ」）

そう掲げるリトラボには、種子島《たねがしま》や屋久島《やくしま》、奄美大島《あまみおおしま》といった大きな島はもちろん、トカラ列島や三島《みしま》村の島々など人口数十人規模の小さな島からも参加者が集い、互いの課題やアイデアをぶつけあうミーティングが行われ、島の住民だけでなく、関係人口となる企業や個人も巻き込んだ動きに発展しています。

種子島で行われたリトラボのフィールドワーク風景。参加費は自己負担。屋久島、甑島、奄美大島、硫黄島、鹿児島本土から集まったメンバーにより熱い議論が交わされた（提供・鹿児島離島文化経済圏）

※種子島や屋久島、奄美大島　188ページ掲載
※トカラ列島や三島村　188ページ掲載

コロナ禍が終息した２０２３年には鹿児島を飛び出し、沖縄や東京の島々にも波及。それぞれの地域で自身の「シマ」を担う同士が、海を超えて自由につながり、知恵や志を共有。日本の海に広がっているです。

最小規模はふたり＋コミュニティ

甑島で奮闘する山下さんの熱を受けながら、人口11人の島で奮闘するのが、大分県の深島《ふかしま》で暮らす安部あづみさんです。

11人のうち５人が、安部さん夫婦と３人の子どもたち。佐伯市の本土側から船で30分の深島は、たくさんのねこが暮らす「ねこの島」としても知られ、安部さん夫婦が営む宿やカフェ、釣りやマリンアクティビティを目的に観光客が訪れています。

島には保育園も学校もないため、子どもたちは毎日、本土の学校まで船で通っています。けして楽ではない極小離島の暮らしを、あづみさんは愛しげなまなざしでみつめています。

「ばあちゃんたちがいるうちは島にいたいし、ご先祖様が帰ってくる場所をなくしたくない」（２０２０年『季刊 ritokei』32号「子どもは島で育てたい」特集）

※深島 １８７ページ掲載

安部家の子どもたちと島のおばあちゃん
（提供・安倍あづみ）

深島は夫・達也さんのふるさと。島に嫁いだあづみさんは、小さな島の営みや島の先輩方の生きる姿に強く惹かれ、深島の暮らしを子どもたちにも引き継ぎたいと考えているのです。

遠くない未来、高齢世代が不在となれば、島に残るのは安部家だけに。しかし、宿やカフェ、伝統の「深島みそ」などの産業があるため、島の暮らしを存続することは問題ないとあづみさんは言います。

「夫婦ふたりと、島外から中長期滞在に来てくれる人のコミュニティがあれば島の暮らしは維持できると思っています。だから、ふたり＋コミュニティが最小規模。持続可能な極小離島のモデルをつくっていきたいですね」（安部あづみ）

２０２３年には達也さんらの手づくりで新たな宿を建て、自宅もＤＩＹで新築。自らが持つ生きる力と、島に中長期滞在に来る関係人口の手を借りながら、心豊かに生き続けることのできる極小コミュニティづくりは、今日も続いています。

廃校を持続可能な産業や学びを育てる場に

豊かな社会をつくるには、持続可能な産業が必要です。２０１４年に佐渡島《さどがしま》に誕生した「学校蔵」は、世界農業遺産にも登録される島に育まれたお米から日本

手づくりで建てた宿も、極小離島の営みを支える関係人口が集う拠点に（提供・安部あづみ）

※佐渡島
１７６ページ掲載

※世界農業遺産
世界的に重要な伝統的農林水産業を営む地域を国際連合食糧農業機関（ＦＡＯ）が認定する制度。佐渡島は、トキと共生する生態系に配慮した農法や伝統的な農文化が評価され、２０１１年に認定

酒をつくる尾畑酒造が、廃校となった小学校を再生させた施設。そこはただの酒造場ではなく、持続可能な社会をつくる産業と学びの場になっています。

学校蔵で造る日本酒はオール佐渡産の原材料と再生エネルギーを用いて醸される。「長期滞在型酒造り体験プログラム」には酒造りを学びたい人が世界中から集まり、移住者やリピーターも生まれている。尾畑酒造で専務を務める尾畑留美子さんは「学校蔵は資源・エネルギー・ヒトを循環させるサスティナブル・ブリュアリーを標榜しています。その和をかなでるお酒なのです」と語る。（２０１７年ウェブ版『ritokei』「佐渡島の『学校蔵』プロジェクト」）

企画運営を担うのは、佐渡島で１８９２年に創業し「真野鶴」の蔵元として知られる老舗酒蔵、尾畑酒造株式会社を経営する平島健《ひらしまたけし》さん・尾畑留美子《おばたるみこ》さん夫妻。２００９年に平島さんが、西三川《にしみかわ》小閉校後の児童生徒たちの受け入れ校に予定されていた学校のＰＴＡ会長に就任。学校統合に向けた集まりで度々西三川小を訪れるうち、「この学校に再利用の道がないのなら、自分の手で再生したい」という思いを募らせ、閉校後の校舎を借り受け「学校蔵」として再生する事業を立案。佐渡市と学校の近隣の住民に再生案を提案しながら、夢を叶えました。

学校蔵では定期的に学びの場も提供。『里山資本主義』の著者である藻谷浩介《もたにこうすけ》さんや、解剖学者の養老孟司さんを招いた「学校蔵の特別授業」には、毎年島内

※里山資本主義
２０１３年に初版が発行されベストセラーとなった藻谷浩介氏の著者『里山資本主義―日本経済は「安心の原理」で動く』（ＮＨＫ出版）で提唱された言葉。「マネー資本主義」の対義として、身近に眠る資源を活かし、お金もなるべく地域の中でまわして地域を豊かにしようとする取り組み

※養老孟司
36ページにインタビュー掲載

※学校蔵の特別授業
尾畑留美子さん著『学校蔵の特別授業 佐渡から考える島国ニッポンの未来』（日経ＢＰ）に詳しい

外から参加者が集まり、島から日本の未来を展望しているのです。

海に囲まれ、自然風土、文化、歴史の多様性に富みながらも人口減少や高齢化などの課題に直面する佐渡島は「日本の縮図」だと尾畑留実子さんは捉えている。『学校蔵』の活動やお酒を通じて、多くの方に佐渡島の魅力を知っていただき、この島から日本の未来を考えていくきっかけになればうれしいです」（2017年ウェブ版『ritokei』「佐渡島の『学校蔵』プロジェクト」）

受け継がなければ消える

効率が求められる資本主義がふくらむ中、手間と時間がかかる伝統文化は日本各地からどんどん姿を消しています。

400年の歴史を誇る「醤の郷」としても知られる小豆島《しょうどしま》で受け継がれてきた「木桶仕込醤油」もそのひとつです。日本の醤油造りは年々効率化が進み、今や伝統的な木桶仕込醤油の生産量は1％を切ると言われるなか、全国に流通する木桶仕込醤油の4分の1から3分の1が小豆島でつくられています。

ヤマロク醤油五代目の山本康夫《やまもとやすお》さんが経営を引き継いだ当時、蔵は放っておけばなくなってしまう斜陽産業の極みにありました。

※小豆島
178ページ掲載

「学校蔵」のある旧西三川小学校は、佐渡島の西側高台に立地。美しい夕日が望める小学校として地元住民から愛されている

彼が家業の醤油屋を継いだ頃は、厳しい経営状態だった。「両親2人がなんとか生活ができる程度。『醤油屋は儲からんから継がんでもええ』って、当時高校生の俺に言うんや」（2012年『季刊 ritokei』2号「働く島人たち」特集）

そんな中、山本さんはあえて手間をかけた木桶仕込醤油にこだわりながら、販売方法を見直し、コアなファンを獲得。しかしある日、醤油づくりに欠かせない大桶を製造できる桶屋が、全国に1社しか残っていない現実に直面しました。大桶を組むには3人の人手が必要。山本さんは島の大工ふたりに声を掛け、皆で木桶職人に弟子入りし、自ら木桶づくりを継承する「木桶職人復活プロジェクト」をスタートしたのです。

「誰かが技術を受継がな100年後には日本伝統の基礎調味料は消えるからな。でも、うまくいくかどうかはわからんで。そもそも桶の注文が入らん。戦後、醤油の新桶を発注したんはうちだけやで。でもやらな何も始まらんからな」（2012年『季刊 ritokei』2号「働く島人たち」特集）

効率化できない文化には、自然の恵みを活かす人間の知恵と技術が詰まっています。斜陽と思われてきた地場産業と、効率化できない伝統文化を未来につなぐ山本さんの行動力は、伝統文化の継承に悩む多くの人に勇気を与えています。

※木桶職人復活プロジェクト
毎年1月、木桶に関わる食品メーカーや流通業者、大工や料理人などが小豆島に集まり、新桶づくりを行いながら、木桶の技術を広く継承している

ラジオが育てるシビックプライド

シビックプライドという言葉があります。その意味は「地域への愛着と誇り」。現住所がある場所だけでなく、生まれ育ったふるさとや、第二のふるさとといえる場所に対して抱くポジティブな想いを指します。

愛着も誇りも、人の心の問題なので、育てるとすれば人々の心に働きかけることが重要。奄美大島ではラジオがシビックプライドの醸成に一役買っています。

約6万人が暮らす奄美大島は、島内に4局ものコミュニティラジオがある「ラジオの島」。2007年に奄美市に開局した「あまみエフエム ディ!ウェイヴ」を皮切りに、2010年の「エフエムうけん」(宇検村)、2012年の「エフエムせとうち」(瀬戸内町)、2014年「エフエムたつごう」(龍郷町)と、ラジオ電波が人々の心をつないでいるのです。

「あまみエフエム」の大きな特徴は、公式パーソナリティをはじめ、島で暮らす人々や出身アーティストが多数出演する参加型メディアであることと、「島口(シマグチ)」と呼ばれる方言を活かした番組づくりだ。

朝と昼の番組中で放送される「ナキャワキャ島自慢(あなたの私の集落自慢)」コーナーでは、島内の各集落の区長や年配者が地元の「シマ(集落)」の魅力を方言で語り、夕刻のトーク番組「夕方フレンド」には、島で活躍する人や、島に関係する人が日々

「あまみエフエム」のスタッフ。1階はあまみエフエム放送局長でもある麓憲吾さん(133ページ座談会に登場)が立ち上げたライブハウス「ROAD HOUSE ASIVI」(提供・あまみエフエム)

入れ替わりで出演する。

奄美大島では集落ごとに方言や訛りが異なるため、出演者によって、方言混じりの言葉づかいにも個性が現れる。番組タイトルやコーナー名にも、「ヒマバン・ミショシ〜ナ！（お昼ご飯食べましたか）」「きゅうぬゆしぐとぅ（今日の教訓）」など、方言が踊る。島の人々がそれぞれ自然体の方言で島の情報や文化を伝え、出身のアーティストたちがつくる音楽を放送することで、奄美大島の空気感が音に乗って世界に発信される。（2017年ウェブ版『ritokei』「ラジオの島、奄美大島」）

方言はアイデンティティを確認する道具

東京23区よりも広大な奄美大島は、集落ごとに伝統文化も方言も異なります。各局はそれぞれの集落で親しまれてきた方言を多用。通勤途中でも農作業の合間でも、ラジオをつけるだけで島内各地の集落のよもやま話を、方言で聞くことができる環境が整っているのです。

言語や方言を研究する木部暢子《きべのぶこ》さんによると、「言葉は自分のアイデンティティ（自己同一性）を確認する道具」であり、「自分と異なる文化を知るための入り口」。集落によって方言が異なるのは、その集落での暮らしの中で言い表す必要があったためだと言います。

※木部暢子
人間文化研究機構理事長。鹿児島大学教授、国立国語研究所教授・副所長を経て2022年より現職。専門は言語学、日本語方言学。著書に『そうだったんだ日本語　じゃっで方言なおもしとか』（岩波書店）など

言葉が自分のアイデンティティを確認する道具として使われることは事実です。しかし、気をつけないといけないのは、自分と違うアイデンティティを持つ人を排除してしまいがちだということです。言葉により自分のアイデンティティを確認するのなら、違う言葉を話す人のアイデンティティも認めることが重要です。（2014年『季刊 ritokei』11号「いろんな島のしまことば」特集）

日本各地に存在する個性豊かな方言は、明治以降の標準語化教育により衰退しはじめ、1964年の東京オリンピック開催に合わせ爆発的に普及したテレビの存在により、急速に消えていったと木部さんは言います。

そこには、高度経済成長期に集団就職で東京や大阪に出ていった若者が、標準語を必要とした社会背景や、核家族化が進んだことで祖父母がつかう言葉にふれられない子どもが増えたことも影響しています。奄美大島のラジオから流れてくる多様な方言は、島内にある多様なアイデンティティを認め、それぞれのシビックプライドを育てているのです。

島の宝を守る戦い

コロナ禍が開けた2023年は観光地ににぎわいが戻りました。

2023年12月の訪日外客数は、新型コロナウイルス感染症の拡大直前

※高度経済成長期
1955年〜1973年までの19年間、日本経済は年平均10%の成長を遂げ、自動車産業や電気機械業などで目覚ましい技術革新が行われた

※集団就職
昭和30年代から50年代前半にかけて、地方の中学・高校卒業生が高度経済成長を支える「金の卵」として、東京・大阪などの都市部の企業に集団で就職していた時の就職形態

２０１９年12月との比較で１０８・２％となる２７３万人に。１カ月間の訪日外客数で過去最多となるとともに、12月の記録としても過去最高となりました（日本政府観光局）。

観光を主要産業とする島は少なくありませんが、人気観光地ではしばしばオーバーツーリズムの問題が悩みの種になります。

伝統的な赤瓦の家が立ち並ぶ八重山《やえやま》諸島の竹富島《たけとみじま》もそのひとつ。コロナ以前は人口３６０人の島に年間50万人が訪れるほどのオーバーツーリズム状態が問題となり、２０１４年には島外資本に渡った土地でリゾート開発計画が浮上。住民の８割が反対を示し、島内外をあげての反対運動が沸き起こりました。

竹富島には白いサンゴ砂が敷かれた道が続き、その道を毎朝、竹箒で掃く島人の習慣は２００年前から続くもの。島の人々が手間と時間をかけてつくり上げてきた風景が価値となり、多くの観光客が集まるようになりましたが「多すぎる」ことによって、島の宝が傷つきはじめたのです。島で生まれ育った新田《にった》初子《はつこ》さんはこう言います。

「竹富島で生まれ育って80年。『竹富島で良かったな』と心から思います。ここで長く暮らしてきたからこその愛着があるからです。本土へ復帰してから良い生活になってきてはいるけれど、島に人が来すぎて、秩序が乱れています。自転車のお客さんが溢れ、自分は怖くて自転車に乗れなくなりました。島は静かな場所だったのに、

※八重山諸島の竹富島
１９０ページ掲載

白いサンゴ砂の道に赤瓦の民家が立ち並ぶ竹富島の集落

今では日帰りで押し寄せる観光客のグループが大声で騒ぎながら家の前を通って行く。壊すのは簡単でも、元に戻すのは容易ではありません。これ以上、要りません」

（2019年『季刊 ritokei』29号「島と経済の幸せなあり方 島と人が幸せな観光とは？」特集）

買われた土地を取り戻すために

竹富島はかつて八重山諸島の政治を司る中心地として栄え、最盛期には2000人超が暮らしていました。沖縄が本土復帰を果たす前年の1971年、干ばつや大型台風の被害も重なった島では、島外資本による土地の買い占めが増加。住民による買い占めへの反対運動が起きたものの、最終的には島の3分の1が島外資本に売り渡されてしまいました。

島の人々は、島の誇りを守るため1986年に「竹富島憲章」を制定。「売らない・汚さない・乱さない・壊さない・生かす」を基本理念にした憲章の存在も評価され、1987年には国の重要伝統的建造物群保存地区に選定されました。

そんな竹富島に2012年、星野リゾートの「星のや竹富島」が開業し、世間をおどろかせました。竹富島には人々が暮らす集落が3つあり、「星のや竹富島」は集落から離れた場所に佇みます。

星野リゾートの進出は、不良債権化の危機にあった土地80ヘクタールの権利を島が取り戻す手段でした。3年以上にわたる議論を経て、星野佳路《ほしのよしはる》さんとの共同

※本土復帰
沖縄は戦後から27年間にわたり米軍統治下に置かれ、日本国憲法が適用されていなかった。1972年5月15日に施政権が日本に返還され日本復帰を果たした。小笠原諸島や奄美群島、トカラ列島も同様に米軍統治下時代を経て日本復帰を果たしている

※竹富島憲章
長野県南木曽町の「妻籠宿を守る住民憲章」をモデルに1986年に竹富島の人々が自主的に定めた住民憲章

で土地を買い戻しホテルを開業。土地の買い戻し代金返済後は、その土地を竹富島振興のために活用するなどが約束された協定書が結ばれています。

自治を司る「公民館」

竹富島憲章の制定も、星野リゾートとの交渉も、力強い推進力が必要になる大仕事ですが、行政が主導しているわけではありません。竹富島最大の特徴は、300人規模の島で、島が進むべき方向性や民意のとりまとめを公民館が担っていること。竹富島の「公民館」は建物ではなく、シマの「自治組織」を指します。

竹富は、周囲9・2キロメートル、サンゴ礁が隆起してできた島です。さまざまな外圧も苦難もありましたが、「てーどぅんひと」（竹富人）は公民館をもとに一致団結して、何ごとについても主張するべきところは主張しながらやってきました。それはこんな小さな島でどうしてそんなことができるのだろうかとよく聞かれます。それは、住民の意識と指導者の資質だったと思います。逃げ場のない島の生活では、その時々に、島にとって何がほんとうに重要なのかということを、いつも見極めていく必要があったからです。（竹富島ゆがふ館「島を治める仕組み」より）

※星野佳路さんとの共同で土地を買い戻し
星野リゾート代表取締役の星野佳路さんと島のリーダーである上勢頭保さんが共同代表を務める株式会社竹富土地保有機構が金融機関からの融資を得ながら不良債権化を阻止。同機構より星野リゾートに土地を貸し、その賃料で金融機関に融資を返済している

島の神々を祀る御嶽（うたき）に手を合わせる人々。竹富島には28の御嶽があり人々の拠り所として大切にされている（提供・水野暁子）

高め合う集落

竹富島では「うつぐみ」という、みんなで協力する「一致協力の心」が島の基本精神として大切にされています。

島には3つの集落があり、それぞれにある「他の集落には負けられない」という対抗心が「馴れ合い」ではない「高め合い」の関係性を生み出しています。

「ずんぶん（生きるための知恵のこと）」を働かせて、お互いに切磋琢磨してきました。そうしていながら、一度みんなで決めたことは「うつぐみ」の精神によって実行していきます。その良い例が公民館長の選出です。公民館長は、場合によっては町や県、国とも対立して、島の未来を守らなければなりません。島の最高責任者です。任期は1年、再任は妨げませんが、3集落で協議し責任をもって選出しなければなりません。恥になるような人は出せません。次の世代の館長候補を育てるために、長老はじめ島のみんなが協力をします。

竹富公民館の最大任務は、年間18回行われる祭祀の執行。人々が誇る島の文化を中心軸に据え、公民館規約により3集落から選出された12人の公民館議会議員が議事を審議し、館長以下執行部が運営にあたりながら、島を守っているのです。

約600年の伝統があるといわれる竹富島「種子取祭」の風景（提供・中西康治）

※年間18回行われる祭祀　最大の祭祀「種子取祭（タナドゥイ）」は旧暦の9～10月に10日間にわたって開催される豊年祭。他にも火災・水難防止の祭りや、敬老会や生年祝いなどの祝いごとがある

住民の健康も守るシマ

竹富島の公民館は住民の健康も支えています。長寿県として知られていた沖縄も、近年は生活習慣の乱れから健康寿命が縮み、２０１３年度には全死亡者に占める65歳未満の死亡割合で全国ワースト1位に。さらに竹富島を含む竹富町は「竹富クライシス」と呼ばれるほど危機的な状況にありました。

そこで、竹富診療所と竹富町役場、竹富公民館が連携し、住民の生活習慣に介入する健康づくりプロジェクトをスタートしました。

健康づくりとして、健康体操教室や体力測定会、3世代ゲートボール、禁煙外来や喫煙防止教室、保健指導などが用意され、年度初めに策定した行動目標や活動計画をもとに、住民一人ひとりが健康づくりを実行しました。

こうした取り組みは全国的にもめずらしくなく、行政や医療機関が旗を振っても、なかなか浸透しない事例が少なくありません。

しかし、竹富島は公民館が機能。成人人口約２８０人が参加し、島内でタバコの販売を全面撤廃するなど、強力な推進力が発揮され、その結果、健康状態が改善する住民が増え、緊急搬送は激減。予防医学の優れた事例として高い評価を得る取り組みとなりました。

現在、竹富島には移住者も多く、3分の1が島生まれではないにも関わらず、公民館組織には住民の１００％が加入。公民館が機能することで美しい島とその誇り、それらを守る人々の健康まで守っているのです。

子どもたちが戻ってくる地域へ

広島県の大崎上島《おおさきかみじま》は「教育の島」を掲げ、教育環境の魅力化に取り組んでいます。この島で教育の魅力化に携わる取釜宏行《とりかまひろゆき》さんは、2011年にふるさとの島にUターン。教育に関するアンケートを取ったところ「将来、島に戻ってきてほしい」という親世代の回答がわずか2割だったことに衝撃を受けたと言います。

「親がそういう気持ちだと、子どもについ『帰ってこんでいい』『継がんでいいと言ってしまいますが、そう言われると本当に帰ってこない。それではまずいと感じました」

（2019年『季刊 ritokei』29号「教育を核に地域をつくる大崎上島の『教育の島』構想」）

そこで、取釜さんは中学生向けの私塾を開校。受験に必要な基礎学習だけでなく、「島を担う力」を身につける地域連携型のキャリア教育を「自転車の両輪のような関係」で提供してきました。

今、大崎上島には人口7000人という規模に対して、3つの高等教育機関が立地しています。海士町の隠岐島前高校と同じく、統廃合の危機に直面しながらもV字回復を果たした広島県立大崎海星《おおさきかいせい》高校に、明治時代に設立した国立広島商

※大崎上島　181ページ掲載

2014年より高校魅力化プロジェクトを推進する大崎海星高校では、生徒が自主運営する「みりょくゆうびん局」など個性豊かな活動が行われている

船高等専門学校、2019年に開校した中高一貫校の広島県立広島叡智《えいち》学園が揃う大崎上島は、まさに教育の島。そこには、取釜さんをはじめ、未来を担う子どもたちへの教育環境づくりに心を燃やす大人がいて、身近な大人たちに学ぶ機会もつくられています。

大崎海星高校で行われている「大崎上島学」では、造船や海運業、農業により栄えてきた大崎上島に残る技術や伝統を「島の匠」から学べるよう、高校生らが島で活躍する大人に取材を行い小冊子『島の仕事図鑑』を制作。その過程で子どもたちは、島で輝いているかっこいい大人の背中を見て、自らの未来を描いていきます。「帰らなくていい」島から「帰りたい」島へ、シフトしているのです。

地域の起業家に学ぶ

山口県の周防大島《すおうおおしま》町では、起業家教育が盛んに行われています。島で生まれ育った大野圭司《おおのけいじ》さんは2004年にUターン。2009年に人口減少により母校が廃校となり味わった落胆をバネに、起業家の育成をはじめました。

「廃校を止められなかった悔しさをバネに、島の未来を担う子どもたちに関わる仕事がしたいとスイッチが入りました」（2017年ウェブ版『ritokei』「未来を担う子どもたちの起業家精神を育む」）

※『島の仕事図鑑』
取釜宏行さん共著『地域連携・キャリア教育・探究学習がつながる! みんなの「仕事図鑑」』（学事出版）に詳しい

※周防大島
182ページ掲載（島名は屋代島）

※起業家の育成
大野圭司さんの著書『起業育〜「自分の技」で稼げる子供の育て方』（かざひの文庫）に詳しい

町内の小中学校で「総合的な学習」を担当し、自ら開発した教材を用いて「自分の仕事をつくる」授業を提供。中学2年生向けの授業では、生徒が会社をつくり、事業計画を考え、島内の道の駅で販売体験を実施しています。

周防大島は「里山資本主義のふるさと」とも言われる島。6次産業化の優れたモデルとしても知られる瀬戸内ジャムズガーデンをはじめとした「起業家の先輩」がたくさん存在していることから、子どもたちが考えた事業計画は、地元の起業家がチェック。授業参観日で保護者らに対して事業アイデアを発表しながら、一株500円の出資を募ります。「多くの保護者が参加する」というこの参観日では1日で10万円程度が集まることも。この資金を元に子どもたちは、綿菓子や雑貨の販売などの実践的な学びを得るのです。

「子どもたちは実践を通して商売が7～8掛で行われていることや、利益率などについて学んでいきます。実践の結果、最終的な利益を計算すると、1人あたりの時給が数十円になることもめずらしくありません」と大野さん。そんな現実に直面しながら、子どもたちはお金を得ることの現実を学び、自分の将来像を具体化。「島にUターンしてカフェやレストランを起業すると志している子もいます」（2017年ウェブ版『ritokei』「未来を担う子どもたちの起業家精神を育む」）

日本の99%が中小企業。地域にも多様に存在する起業家に、地域の子どもたち

※里山資本主義のふるさと
藻谷浩介氏監修『進化する里山資本主義』（ジャパンタイムズ出版）にて周防大島は「里山資本主義のふるさと」として紹介

※瀬戸内ジャムズガーデン
2015年には6次産業化優良事例として農林水産大臣賞を受賞

大野さんは2023年より「親子で起業留学」の受け入れもスタート。特産品のみかんをつかった「みかんドリンク」の起業体験などを親子で学ぶことができる（提供・ジブンノオト）

が学ぶ機会をつくることは、起業家精神やノウハウだけでなく、地域への愛着や誇りづくりにもつながり、島を支える人材を増やす結果も生み出すのです。

子ども「まんなか」社会とは？

日本は1970年代頃から少子化の一途を辿り、人口減を突き進んでいます。2023年4月には、こども家庭庁が立ち上がり、国をあげて子どもを産み育てやすい社会づくりを推進している状況です。

こどもがまんなかの社会を実現するためにこどもの視点に立って意見を聴き、こどもにとっていちばんの利益を考え、こどもと家庭の、福祉や健康の向上を支援し、こどもの権利を守るためのこども政策に強力なリーダーシップをもって取り組みます。（こども家庭庁）

核家族化や地域コミュニティの弱体化が進む中で、日本の子どもたちは居場所を失ってきました。子どもの問題に詳しい精神科医の松本俊彦《まつもととしひこ》さんは、この国の子どもたちが抱える現代的な問題についてこう指摘します。

「あくまで診察室からの推測ですが、学校と家以外のたまり場がなくなっている印

※松本俊彦
国立精神・神経医療研究センター精神保健研究所薬物依存研究部長。博士（医学）。精神科医。薬物依存症治療の第一人者として診療や研究に携わる。著書に『助けて」が言えない子ども編』（日本評論社）ほか

象です。都会では地域コミュニティが崩壊し、隣に誰が住んでいるかも分からず、親族との関わりも少なくなっています。

コロナ禍によって遊ぶ機会はさらに失われ、残された空間はスマートフォンの中だけ。孤立した子の一部は歌舞伎町の『トー横』などに流れていきます。そこには薬物や売春などの危険があるのですが、一方で子どもたちがホームレスの老人たちと会話する風景がみられる。コミュニティに飢えていて、自分の価値を再認識できる場所を求めているようにみえます」（2023年『季刊 ritokei』43号「シマ育のススメ」特集）

人間本来の子育て

コミュニティに飢えた子どもたちが増える日本の社会。発達心理学者の根ケ山《ねがやま》光一《こういち》さんは、調査のために訪れた沖縄の多良間島《たらまじま》で、コミュニティに飢えていない子どもたちに出会いました。


「多良間島の保育園では、お迎えの時間になると、母親や父親だけでなく、祖父母、親戚、ご近所、子どもの兄弟など、さまざまな人がやってきます。保育園や小学校から帰宅した子どもたちは、他の子どもたちと遊びに興じる。チャンバラごっこに木登りなど、まさに天真爛漫。島では下校中の寄り道も子どもまかせ。

言い換えれば『子どもへの信頼感』と『地域への信頼感』が子どもたちの姿に現

※根ケ山光一
発達心理学者。早稲田大学名誉教授。専門は発達行動学。NPO法人保育・子育てアドバイザー協会理事長や乳幼児医学・心理学会理事長も兼務。著書に『アロマザリングの島の子どもたち 多良間島子別れフィールドノート』（新曜社）など

※多良間島
190ページ掲載

れていて、そんな島に嫁いできた女性は皆が『子どもを皆で見守ってくれることが島の良さ』と口を揃えていました」（2020年『季刊 ritokei』32号「子どもは島で育てたい」特集）

多良間島には「守姉（もりあね、ムレネエ）」と呼ばれる、血縁関係のない間柄、もしくは遠縁の少女が小さな子どもの世話役になる風習があります。多良間島で守姉に支えられてきた波平雄翔《なみひらかずと》さんは、その存在を感謝に重ねてこう語りました。

「土日に親が畑に行っている時にムレネエの家で遊んでいたりしました。弟たちは別のムレネエがいて、末の妹は波平さんの同級生の子どものムレネエになりました。血縁関係はなくとも絆は強くて、ムレネエのお母さんを「おっかぁ」と呼び、還暦のお祝いに花を贈りました。特別とは思っていなかったけど、楽しい思い出しかないですね。（2020年『季刊 ritokei』32号「子どもは島で育てたい」特集）

根ケ山さんはこう言います。

「子育ては本来、社会のなかで『年齢という縦軸』と『地域という横軸』の広がりをもった豊かな行為だったのです」（2020年『季刊 ritokei』32号「子どもは島で育てたい」特集）

多良間島で木登りをして遊ぶ子どもたち

夫婦だけで子どもを育てない

社会変化に伴い、いにしえから続いてきた伝統行事や風習が日本中から消えつつあります。離島地域にも消えゆく文化があるものの、人生の節目や子どもの成長を共によろこぶ文化はまだまだ健在。東京から奄美大島に移住し、島の男性と結婚した麓卑弥呼《ふもとひみこ》さんは、島の子育てでこんなことを感じました。

「島では、小学校入学は子どもの成長をお披露目する大事な節目。親戚はもちろん、職場・ご近所・友人知人と多数の人を自宅に招き、お祝いします。100人近い来客へのサポートは、主人の母や友人が担ってくれました。たくさんの方々が駆けつけてくれた、温かなお祝いの時間。その時、『夫婦だけで子どもを育てているのではない、島全体でこの子を育ててくれているんだ』と感じ、胸が熱くなりました」（2014年発行『季刊 ritokei』8号 コラム・麓卑弥呼）

夫婦だけで子どもを育てない「こどもまんなか社会」は、子どもにも大人にも豊かな社会だと言えるでしょう。

小学校に入学する家庭に、親戚や友達、近所の住民などさまざまな人が訪ね、祝う風習がある奄美大島。迎える家庭では周囲の協力のもと、お祝い料理を用意する（提供・麓卑弥呼）

そんなにめでたい話はない

子どもは皆が島国の担い手であり、まさに「子は宝」。といっても社会の中には子どもを尊ぶことのできない人がいます。例えば、電車に乗ろうとしたベビーカーを足蹴にする人や、泣き出した赤ちゃんを抱く母親に「だまらせろ」と罵声を浴びせる人、産休に入る同僚や社員に辛くあたってしまう人など。過去最低を記録する日本の出生率に追い風を立てるように、心無くふるまう人がいるのです。

そうした社会問題がニュースなどで問題になる度に、これから親になろうとする人々の心には「子どもを持つのは大変」「子どもを産みたくない」という思いがふくらんでしまいます。

全国の合計特殊出生率をみていくと、出生率の高い地域には島も目立ちます。都会に比べれば医療環境が乏しい島も多いのに、出生率が高い理由のひとつには、「子どもを持ちたい」と思える雰囲気をつくる「計らい」があります。

例えば、伊豆諸島の利島《としま》には産婦人科がなく、妊婦さんは定期検診に行くだけでも往復3日かけて都内の病院に通っています。出産が近づくと、国の制度で産休扱いにできる32週よりも前から里帰りする必要があるなど、島ならではの苦労があるのです。そんな利島で事業を営む清水雄太《しみずゆうた》さんは、こんな計らいを考えました。

※合計特殊出生率
「15～49歳までの女性の年齢別出生率を合計したもの」で一人の女性がその年齢別出生率で一生の間に生むとしたときの子どもの数に相当（厚生労働省）

※利島
177ページ掲載

「島のお母さんたちはこれまで、有給を使わないようにして検診や、産休前のタイムラグに必要な休みに充てていたので、僕の会社では社労士や関係機関に掛け合って検診にかかる通院は特別休暇扱いできる制度に変えました。

うちは定期船の運航業務を行なっていて、船は365日止めるわけにはいかないし、従業員も足りていません。けれど、子育て層が子どもを産みにくく働きにくい島に未来はないでしょう。産休を取るのに嫌な顔をする上司がいる会社もあると聞くけど、うちは産休に入ると聞けば『そんなめでたい話はないだろう』と話します。少なくとも自分の会社では、産休はもちろん学校行事でも『早く帰っていいよ』と言える環境にしていきたいですね」（2022年『季刊 ritokei』37号「島で生きるために必要なお金の話」特集）

人口300人の利島村は、特筆すべき点に「過去半世紀にわたって人口がほとんど変わらない」ことがあります。荒天時には欠航率も高くなる小さな島が、多くの移住者に選ばれ、人口を維持できている背景には、安心して子どもを産み育てられるよう考え、計らうことのできる人の存在があるのです。

清水さんの暮らす利島の小中学校風景。約30人の児童生徒数に対して先生は約20人。小さい島だからこそつくれる新たな教育環境づくりの実践も進んでいる（提供・利島村）

信頼は時間の関数

屋久島《やくしま》と口永良部島《くちのえらぶじま》に通い続けてきた京都大学元総長で霊長類研究者として知られる山極寿一《やまぎわじゅいち》さんが考える、島の可能性。

山極寿一

屋久島に通いながら

1970年代の中盤あたりから、屋久島には長いこと通ってきました。直径40キロメートルの外周に各集落があって、それぞれに数百人が住み、集落ごとに言葉も文化も習慣もずいぶん違う。シマ意識というのか、地域共同体がひとつの文化の単位になっているのです。

昔はバスなどもなかったので、遠方の集落を行き来するのに1~2泊しなければなりませんでした。そうなると各集落を渡り歩くことになるので、それぞれの集落にいる頼れる相手に、子どもを預けたりしていたそうです。屋久島ではそうした集落を超えて頼れる間柄を「シマいとこ」と言います。

集落はそこだけで閉じているわけではありません。トビウオ漁など大規模な漁をするために各集落の人が集まる習慣も

昔からあったと島の方に聞きました。屋久島という島全体で生きていくには、他の集落の顔見知りと協力することが必要なんです。

文化の多様性＝自然の多様性

この例で僕が思い出すのは、2001年にパリ総会で行われたユネスコの「文化的多様性に関する世界宣言」です。第1条1項目に「自然にとって多様性は重要であると同時に文化にとって多様性は重要である」と書いてあり、すごいことだと思いました。文化の多様性が自然の多様性にも結びついているのですから。

このことは屋久島にいるとよく分かります。屋久島の気候は東西南北で違い、海の流れも雲の動きもまるで違います。島の多様性に準じてそれぞれの集落に多様な文化があり、そこに住民が誇りを持っているのです。

第7条には「創造性というものは複数の文化が接触することによって生まれる」とも書かれています。つまり、地域共同体が持つ固有の文化はひとつで孤立していてはいけない。「シマいとこ」のように、それぞれの文化が接触し合うことによって新たな未来が開き、人間の新しい発想が生まれ、生活の改善が進むのです。

屋久島の集落

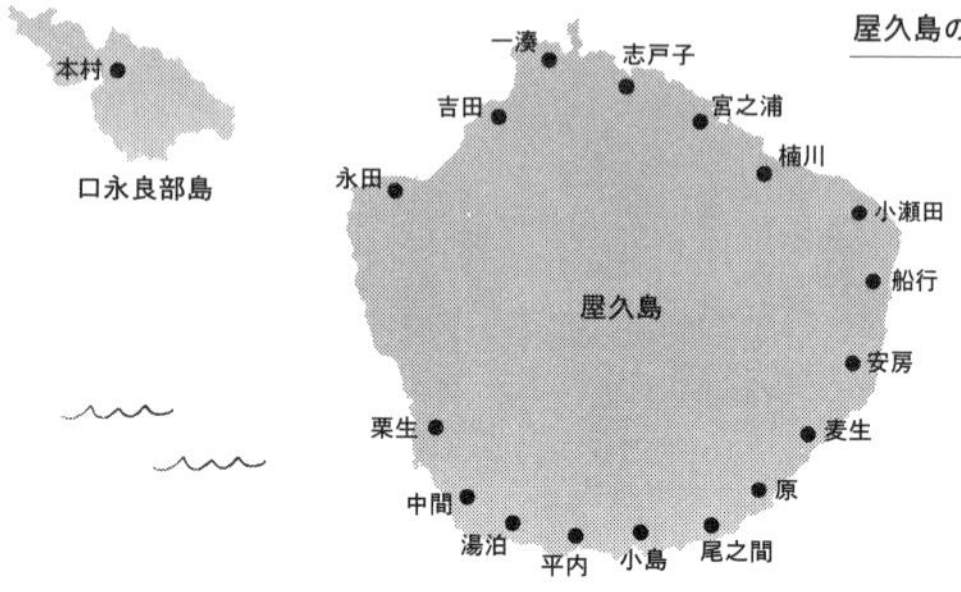

「なわばり」の人数は150人

人類の進化を踏まえると、人類の祖先

はかつては家族的な集団で暮らし、森林からサバンナに移ったときに肉食動物から襲われる危機的状況に陥ったため、複数の家族で集まって暮らし始めたんじゃないかと僕は思っています。

　そういう狩猟採集民は、なわばり意識を希薄化して土地を共有化します。大体150人ぐらいの男女が集団となり、流動と集散を繰り返す。コモンズ(共有地)を他の集団と共有し、自然が劣化したり獲物が少なくなると、みんなで移動する。ここまではゴリラも一緒ですが、人間は農耕牧畜漁業を始めて定住するようになったわけです。すると、土地に対する愛着とか執着が次第に強くなり、なわばり意識が強くなってくるのです。

なわばりを希薄化する知恵

けれど、そこでなわばりを閉じ「集落以外の人は敵だ」と寄せつけないようにするのではなく、交流を通じてなわばり意識を希薄にしていくのは、人間の知恵かと思います。

「150人」というのはダンバー数と呼ばれる数字でもあります。人間の脳はゴリラの3倍はあるのですが、人間の脳が大きくなった理由が、集団の規模に比例しているという仮説があります。人間の脳が大きくなりはじめた200万年前は、集団の規模もおそらく30人程でした。およそ20万年前に脳の大きさはストップし、現代人の脳も1500cc程度なので150人という集団の規模がぴったりというわけです。

　僕は150人という数は、人間が信頼関係を結べる仲間の数の最大値だろうと考えています。我々は今、SNSで何十万人もの人たちとつながれるかもしれません。しかし実際に何かトラブルに

陥ったときに相談できるソーシャルキャピタル（社会関係資本）とも言える相手は、過去に喜怒哀楽を共にしたことのある人や、身体を共鳴させて付き合っている人たちになるでしょう

いくら通信機器が発達しても、人間が生身の体で付き合える人の数はそう多くありません。ですから、規模の増減はあれども、そういう人たちでつくられている共同体の規模も150人くらいが適当だと思います。

屋久島の隣にある口永良部島は、人口も100人規模なのでちょうどそれくらいです。ただ、その規模だと商店がなくなったりするので、僕の知り合いは自分で商店をつくりました。そんな風に、小さな共同体が必要とするものを確保して、集落内に配分できる人がいることは重要ですね。

人と人のつながりに重要な身体性

人と人のつながりには、言葉だけではなく身体性が重要です。アフリカでもまさにそう。言葉や習慣が違っても、食事をしながら彼らの日常生活にはまりこむとつながりは回復します。

日本人を賢く思うのは「郷に入れば郷に従え」という言葉があり、その人たちの生活を乱さないような「文化の衣をまとって入っていくことが大事」という感覚を持っていることです。

そこで一番大事な仕掛けが、飲み食いを共にすることです。お茶を飲んだり、お酒を飲んだり、食事をするのは、お互いが平和であることを確認する、あるいは親密であることを確認する儀式なのです。

昔の日本には縁側があり、僕が初めて

屋久島に行ったときも、ある家で「ちょっとお茶でも飲んで行かないか」と言われ、縁側でお茶をいただきながらしばらく話をしているうちに、打ち解けていったのです。アフリカにも旅人が村を通るたびに、壁のない家に招き入れ、お茶やお酒をご馳走する習慣があります。そこで「どこから来たのか?」「何をしに来たのか?」「新しいニュースはあったか?」と話すことで、人と人が互いに警戒することなく、打ち解けられるのです。この時間によって集落の人は、新しいニュースを得ることもできる。今は車で通り過ぎてしまうので、こうした時間がどんどん失われていて、人と人の出会いが円滑につくりづらくなっているのも問題ですね。

信頼は時間の関数

最近は、人や地域とのつながりにオンラインを使うことも増えましたが、つながりには対面での交流がどうしても必要です。オンラインだけで情報交換や議論をしていると、色々なことがすいすい決まってしまうことがあります。そうすると「誰がどういうプロセスで決めたのか」といったことが分からなくなり不満が鬱積する。

　情報のやりとりはオンラインでも良いですが、やはりどこかでは対面で交わり、一緒にお祭りの用意をしたり、飲み食いしながら「こういうことを決めたのだ」という確信を持ちたいものです。僕は信頼を「時間の関数」だと思っています。信頼関係を築くには時間をかけないといけないんです。

　島や小さな共同体には強みがあります。都会暮らしでは、隣人すら分からず、歩いていても誰にも気づいてもらえない

という「ワンオブゼム」になりがちですが、小さな島の共同体で暮らしていると「ワンオブワン」で、個性を持ち、自分を知る人たちに囲まれて暮らすことができます。顔見知りの中で暮らすと、病気や怪我をしたときや調子が悪くなったときにみんなが心配してくれ、助けてくれる。つまり、都会暮らしの人も複数拠点により、社会関係資本を得ることができるのです。

弱みは裏返すと強みになる

過疎に悩む地域も多くありますが、僕は過疎を強みだと思っています。要は「余っている」ということです。畑も土地も森も余っているわけです。そこでは好きなことができるし、誰かに好きなことをさせてあげられる可能性もたくさんあります。人が満杯で資源もなくなった人工的な環境には、もうつくれるものがありません。隣に住んでいる人の騒音でイライラするくらいですからしんどいでしょう。

一方、過疎であれば何をやってもいいわけです。大声で叫んでもいいですし、お祭りをやってもいい。自由が与えられるというのは強みだと思います。弱みを強みにするというやり方は、人類が昔からやってきた方法です。弱みを裏返せば強みになるのです。

『季刊 ritokei』38号（2022年5月発行号）「つよくやさしくたのしい地域共同体に学ぶ 島のシマ」特集インタビューを再編集して掲載

WAY ❸

豊かな地球をつくる

地球の上で生きる感覚とは

1993年に日本ではじめて世界自然遺産に登録された屋久島には、海抜0メートルから標高1800メートルを超える山々が連なり「1カ月に35日雨が降る」と言われるほど多くの雨が降り注ぎます。山にはゆっくりと年輪を重ねた巨木がそびえ、ふかふかの苔が織りなす神秘的な光景は、映画『もののけ姫』にも描かれました。

2002年に屋久島に移住した今村祐樹《いまむらゆうき》さんは、島外からやってくる親子や企業に向けて、島の自然に学ぶプログラムを提供しています。

※世界自然遺産
「顕著で普遍的価値」を有する地域をユネスコが登録。屋久島は自然環境と生態系が評価され、1993年に白神山地とともに日本初の世界自然遺産に登録された

※1カ月に35日雨が降る
屋久島の年間平均降水量は平地で約4500㎜（山間部は8000〜10000㎜）と、日本の年間平均降水量の2倍をはるかに超える（屋久島町）

大切にしているのは、島で語りつがれてきた「海10日、里10日、山10日」という言葉。「どんなに魚が獲れても10日以上は海に行ってはいけない」という教訓で、必要な分だけを自然から恵んでもらう生き方を表します。

森海川のつながりを感じながら、かつての豊かな暮らしを味わう時間では、参加者と共に海や森で食材を集め、流木でご飯を炊いてお風呂を沸かし、その流木の灰は畑の肥料として土に還します。「この流木はどこからきたんだろう？」という問いかけから、翌日は流木のふるさとである森へ行き、木が流木という小さなカケラになる前は大きな森の一部であったことを体感。そうした一連のストーリーを体感することで、一人ひとりが自然の循環の中で生かされているんだということを、感じることができると今村さんは言います。

「僕が生まれた大阪など、都会で暮らしている人々は、上流部でメガソーラーの開発があったとしても、無関心だったり、海や川とつながっている実感は薄いのかなあと感じます。でも本当は人ごとの話ではないんですよね。マリンレジャーでも時には波にさらわれて命が危険にさらされることもあります。自然は本来、人間の手には負えない。だからこそ、良い部分を都合よく見るばかりではなく、森と海と川のつながりを実感し、自分たちが生かされている存在であることを知ることが大切なんです」（2022年『季刊 ritokei』39号「島だから学べること」特集）

手に負えない自然から得る学びや島の教えを来島者に伝える今村さん（提供・今村祐樹）

人間にとって自然は恵みであり、恐れでもある。自然に対し感謝や畏敬の念を持つことは、豊かな地球環境をつくり、守ってゆく第一歩。「地球の上で生きている」ことを感じない人は、壮大な自然とそこに生きる人に学ぶことで、人間本来の感覚を取り戻すことができるでしょう。

自分の都合よりも環境の変化を知ること

２０２１年、奄美大島や徳之島《とくのしま》、沖縄本島北部のやんばると共に世界自然遺産に登録された西表島《いりおもてじま》にも、自然観を学べる圧倒的な大自然があります。広大なジャングルやマングローブ林が間近にある集落に工房を構える染織家の石垣昭子《いしがきあきこ》さんは、その作品を国内外で発表する傍ら、工房で受け入れる研修生に、自然を生かした手仕事の意味を伝えています。

「最近の学生は、何でも押せば、ぱんぱんってでてくるから『温度は何度』とか『pHはいくつ』とか、そういう知識はすごくあるんです。だけど『知識のようにやってみなさい』と言うと、全然当たらない。だって、水も違うし、太陽も違うし、植物の種類も違うわけですから。最近は染色技術も進化していますし、流通もしっかりしている。でも、自然だけは変えられません。人の手技は絶対に必要なのです」（２０１７年『季刊 ritokei』22号「島の手仕事」特集）

竹富島出身の石垣昭子さん。人間国宝・志村ふくみさんに師事し、夫・石垣金星（きんせい）さんと共に紅露工房を立ち上げ、途絶えていた染織文化を掘り起こしてきた

研修生は1年間、島に身を置き、季節の移ろいや行事や祭祀、儀礼を体験しながら、仕事の意味を理解していきます。石垣さんにとって技術は「時間が経てばついてくるもの」。大切なのは自然と向き合い、ものをつくる「資質」だと言います。

「自分の都合よりも、環境の変化を知ること。いま採らないと良い色はでないとか、そういうことが分かってきます。自然がいかに人間にとって大切なものであるか。人が利用するんじゃなくて、自然を中心にして、自分たちが自然のなかにはいって自然に教えてもらう。そういう態度じゃないと自然は心を開きません」（2017年『季刊 ritokei』22号「島の手仕事」特集）

石垣さんの仕事は海外でも高い評価を得ていますが「島のサイクルを熟知してこそ、自分の仕事ができる。つくり手としては地道でいいんです。手の仕事ですから、手のスピードで」と石垣さん。時代が変わっても、変わらない（変えてはいけない）大自然に寄り添い、神に祈り、豊穣に感謝する人々の暮らしがそこにあるのです。

工房の名につく紅露（くうる）は染物芋（そめものいも）とも呼ばれ、渋みのある赤茶色に染まる染料

枯渇しない知恵を織り込んだ伝統産業

山口県の浮島《うかしま》で生まれ育ち、現在は隣島の周防大島で自ら起業したオイシーフーズで、水産加工品を製造する新村一成《しんむらかずなり》さんも、自然から恵みを得る先人の知恵を受け継いでいます。

実家はカタクチイワシ漁が盛んな「いりこの島」と呼ばれる浮島で、5軒ある網元のひとつ。古くから独自の方法で持続可能な漁が行われてきたと言います。

「島のいりこ漁には昔からの取り決めがあり、漁をするのは午前10時まで。漁場に1～5番まで番号をふり、クジで決めた順番で漁に出て、日替わりで漁場を変えることで、値崩れや捕り過ぎを防ぐ持続可能な漁を続けてきました。島の先人たちが編み出した知恵には感心します」（2021年『季刊 ritokei』35号 コラム・新村一成）

新村さんは、サイズが大きくいりこにできない未利用魚を加工したオイルサーディンなども製造・販売しています。環境の悪化から漁獲量が減る現実や、ライフスタイルの変化に伴う煮干し需要の減少など、時代の変化にも対応しながら、持続可能な水産業と商品づくりを行なっているのです。

一方、浮島からほど近い大分県の姫島《ひめしま》では、島で生まれ育った小岩弘和《こいわひろかず》さんが、資源の枯渇を防ぐため年に2日しか収穫しないひじきを「幻の2日ひじき」とし

※浮島 182ページ掲載

持続可能な資源管理が行われている浮島のいりこ漁（提供・新村一成）

※姫島 186ページ掲載

て商品化。欲張ると枯渇してしまう自然の恵みにあやかる島の産業には、「足るを知る」先人の知恵が織り込まれているのです。

ひとりの百歩ではなく百人の一歩で

青い地球は人類共通の宝物。けれど近年は、人間がつくりだしたものが海に流れだし、大量のごみとして世界を漂い、海岸に流れ着くようになりました。

鹿児島最南端の与論島《よろんじま》は1周約22キロメートルの小さな島。島を取り囲むビーチに年間約40トンものごみが流れ着いていました。

２０１４年にUターンした池田龍介《いけだりょうすけ》さんは、島に帰った翌日から「３６５日ごみ拾い」としてごみ拾いをはじめ、仲間を集めながら、そのうち観光客もごみ拾いに参加するように。活動の輪が広がり、１年目は３１８５人、２年目は３６２３人と参加者が増えていきました。

「ごみ拾いに参加してくれる人は『やってあげた』という感じはなくて、ただ楽しそうだったんです。僕は一時期『ごみ拾いの池田』といわれていたんですが、僕が注目されたいわけじゃなくて『ひとりの１００歩じゃなくて、１００人の1歩』にしたいと思っていたので、イベント的にごみ拾いを開催することをやめました。でも、一緒にやっていた人たちが自然発生的に『感謝美（うんじゃみ）』というグループを

※与論島
１８８ページ掲載

与論島に設置される漂着ごみ専用のごみ箱「拾い箱」

つくり、今も毎朝ごみ拾いが続いています。」（2019年『季刊 ritokei』28号「島と海ごみ」特集）

人口5000人規模の与論島は民間と行政の距離も近いため、民間で手に追えないごみは、行政に相談しながらすみやかに対処。与論島に設置された「拾い箱」という漂着ごみ専用のごみ箱はその後、全国へと広がりました。

「僕たちが目指すところは『環境と観光の両立』なんです。2016年にブループラネット賞を受賞されたマルクス・ボルナーさんの言葉に、『人間には無垢の自然が必要だ。しかしながら、多様な自然は、地元の人々が経済的なつながりを持っていかなければ、それを守ることは難しい』というのがあり、東南アジアのマングローブ林で地元の方が環境保護に動かなかったところ、マングローブ林に住んでいるカニが高値で取引されていることが分かると『マングローブ林、大事だよね』とシフトしたのです」（2019年『季刊 ritokei』28号「島と海ごみ」特集）

池田さんは、島外企業と連携しながら、拾い集めた海洋プラスチックを活用したアップサイクル製品の開発に取り組み、コースターや植木鉢などの商品が生まれています。拾っても、拾っても、尽きることなく流れ着く海洋ごみをなんとか資源にできるよう、アップサイクルに挑戦する地域は増加中。捨てればごみ、使えば資源。それぞれの一歩が青い地球を守っているのです。

※ブループラネット賞
地球の環境問題の解決のために優れた研究をした人や、熱心に活動を続けてきた人たちをたたえて贈られる賞（公益財団法人旭硝子財団）

※マルクス・ボルナー
スイス出身の動物学者。アフリカ・タンザニアのセレンゲティ国立公園で40年にわたり、絶滅寸前の野生生物保護や保護区内生態系を守る活動に従事

電気がない時代の豊かな知恵

与論島には50年以上にわたって島の伝統文化を伝える与論民俗村があります。民俗村の菊秀史《きくひでのり》さんは、かつては当たり前だった、暮らしの知恵を現代に伝えるひとりです。

「与論の伝統家屋は小さいので、壁から壁までの距離が近く室内が明るいんです。南・東・西の3カ所に間口があって、防風林が囲むので木陰もあり、涼しい風が入ってきます。家を小さく建てることには台風の被害を抑える意味もある。エアコンに涼を求める暮らしに慣れると、電気がなくなった時にどうすればよいか想像できませんが、木の下は涼しいんです。女性は織物の作業をするので木の下にゴザを敷き、涼みながら作業していました。みんな環境を上手く利用していたんですよ」（2021年『季刊 ritokei』36号「島の文化に問う未来」特集）

与論民俗村に飾られるロープでできたゆりかごや、ハリセンボンのねずみ避け、芭蕉布を織る機織り機などの民具はどれも電気は不要。すべて島にあるものと、近隣から手に入れられるものでつくられていて、海に流れ出たとしても、深刻な影響を与えるものはひとつもありません。木でできた「木枕」もそのひとつ。現代では使いづらそうに見えますが、実はそうでないと菊さんは言います。

※菊秀史
私設民俗資料館「与論民俗村」村長。民俗村の民具は町の有形民俗文化財に指定され、2018年度には文化庁長官表彰を受賞。ユンヌフトゥバ（与論方言）の保存伝承を志し、小学校等での授業を担当。著書『与論の言葉で話そう』（1）～（4）を刊行

※防風林
与論島ではモクマオウが防風林として植えられている

「お客さんに木枕を案内すると『痛そう』とか『昔の人は痛くて眠れなかったんじゃないか』と皆が口を揃えるのです。けれど、実際に試してもらうと『気持ちいい』と驚かれるんですよ」（2021年『季刊 ritokei』36号「島の文化に問う未来」特集）

文化を失うことは知恵を失うこと

与論民俗村は昭和41年に生まれました。その時代は、高度経済成長の波が島にも届き始めた昭和30年代以降、テレビや冷蔵庫などの普及に伴い、過去数百年にわたって使われてきた民具や民家が姿を消し、島の暮らしが急速に変化した頃でした。急激な社会変化に危機感を覚えた菊さんの母は、島の家々から民具を収集。与論民俗村をつくったのです。

「民俗村ができたはじめの頃は、『うちのおじいさんが使っていたなぁ』というコミュニケーションもできたのですが、だんだんそういうことがなくなっています。伝統文化は昔のものでそれ以上でもそれ以下でもないという感覚が、近年の来訪者から伝わってくるのは怖いこと。今の人は木の名前も知らないし、利用法も知らない。硬いか柔らかいかもわからない。どの島はどこに巣をかけるかもわからない。そうした知恵は、一度なくなってしまうと復活するのに苦労するんです」（2021年『季刊 ritokei』36号「島の文化に問う未来」特集）

涼しい風が吹き抜ける与論民俗村の伝統家屋で芭蕉布の糸をつくる風景。南・東・西の3カ所に間口がある伝統家屋は風が通り抜けるため夏でも涼しい（提供・与論民俗村）

日本各地で失われてきた生活文化には、電気やガスがなくても豊かに生きるための知恵が詰め込まれていました。「文化を失うことは知恵を失うこと」だと菊さんはいいます。

地球には多様な風土があるため、暮らしの知恵や生活文化も多様に存在します。自らが暮らす地域で、電気やガスに頼りすぎない持続可能な暮らしを実践するには、少し昔に存在した生活文化を知ることも大事なのです。

地球規模の問題も小さなシマから

環境も経済も問題の規模が「地球」のように大きくなると、どこから手をつけて良いのか分からないものです。そこで問題を小さな規模に置き換え解いてみると、見えてくる答えがあります。

2021年、約140人が暮らす福岡県宗像市の離島・地島《じのしま》では、生活排水が環境に与える影響を調査するべく、全住民が3カ月石けん製品を使う「島まるごと石けん生活」が行われました。

発案は1974年より無添加石けんの製造販売を続けるシャボン玉石けん。そのアイデアに「地島ならできるかも」と応じた宗像市に山口大学などが加わり、産官学民の連携プロジェクトがスタートしました。

地島は天皇献上品の天然わかめが採れることでも知られています。海の恵みを

※地島
184ページ掲載

糧に生きる人にとっても気になるその結果は……。

3カ月間の結果は〝良好〟だった。下水処理場内の微生物を解析すると、量・種類ともに増加。水の汚れを処理する能力が高まり、海に流れる処理水がよりきれいな状態に変わるなど、石けんが環境負荷を減らすことがデータにはっきりと現れたのだ。

（2023年『季刊 ritokei』44号「島々仕事人」）

生活を変えることは簡単ではありません。けれど、自然との距離が近い小さな島では、たったひとりがもたらす環境変化でも感じやすく、SDGsが求める「使う責任」を肌感覚で理解できるという利点があります。

生活排水に限らず、豊かな地球を残すには乗り越えたい問題が多様にあります。それがどんなに大きな問題でも、まずは自分のシマから解いてみる。小さなシマから世界が良い方向にかわっていく未来を、皆で追いかけてみませんか？

石けん歯磨き粉を使用する地島の小学生。漁協や学校、各家庭で、台所用洗浄剤や洗濯用洗浄剤、ボディソープやシャンプーなどを石けん製品に置き換え、実験が行われた（提供・シャボン玉石けん）

どんな夢でも実現できるとしたら

どんな夢でも実現できるとしたら、あなたはどんな社会で生きていきたいですか？ 大切に思うシマや、小さな社会をより良くするために、やってみたいアイデアを自由に書き出してみましょう。

1 あなたが生きたい社会とはどんな社会ですか？

2 理想の社会に近づくために、やってみたいアイデアは？

3 そのアイデアを実現するために、どんな人と連携できるとよいでしょうか？

社会を変えることは簡単ではありませんが、与論島には「むいどぅぬさり（強く思い続ければ願いは叶う）」ということわざがあります。一人でできないことも、連携することで実現することができる。小さな島で実現できた例を参考に、より良い社会をつくるアイデアを実践してみませんか？

DIALOGUE 1

生き残れるシマとは

人口減や少子高齢化、自然災害etc……

日本列島には今、多様なリスクが横たわっています。

「公助」の先細りが見え隠れするなか、期待される

「共助」や「互助」などの人々の支え合いは

シマなどの「共同体」をベースに成り立つもの。

では、生き残れる共同体とはどんなものか?

共同体を研究する哲学者の内山節さんと

財政破綻の危機からV字回復を果たした海士町で

活動する株式会社風と土との阿部裕志さん

2010年に離島経済新聞社を立ち上げ

日本の島々をみつめてきた鯨本あつこが語り合います。

内山節(うちやま・たかし)

1950年生まれ。哲学者。1970年代に入った頃から、東京と群馬県の山村・上野村での二重生活を送る。現在はNPO法人·森づくりフォーラム代表理事など。著書に『共同体の基礎理論』(農文協)、『日本人はなぜキツネにだまされなくなったのか』(講談社現代新書)など多数

阿部裕志(あべ・ひろし)

1978年愛媛県生まれ。大学院修了後、トヨタ自動車の生産技術エンジニアに。競争社会のあり方に疑問を抱き、2008年、持続可能な社会のモデルを目指す島・海士町に移住。株式会社巡の環(2018年より「風と土と」に変更)を仲間と創業。1児の父。著書は『僕たちは島で、未来を見ることにした』(木楽舎)

鯨本あつこ(いさもと・あつこ)

1982年生まれ。大分県日田市出身。地方誌編集者、経済誌の広告ディレクター、イラストレーター等を経て2010年に仲間と共に離島経済新聞社を設立。NPO法人離島経済新聞社代表理事、『ritokei』統括編集長。2児の母。自身のふるさとを生活拠点に、全国の島々を訪ね、人の暮らしや自然、社会のより良いあり方を探究中

関係性がつくりだす「共同体」という世界

鯨本　急激な人口減少や災害リスクなど、日本列島の未来にはさまざまな不安要素があり、この先、どこまで「公助」に頼れるのかも分かりません。そこで、「シマ」や「共同体」と言い表せる、「人々が支え合うコミュニティ」単位で生き残るために必要なことを話したいです。

内山　共同体といえば、あたかも昔から続く伝統的なもののように聞こえるかもしれませんが、実は明治時代になるまで日本に共同体という言葉はなく、英語の「community」の翻訳として共同体という言葉ができました。それ以前の日本では、共同体は「国」を意味し、行政的な意味だけではない幅広い意味を持っていました。

例えば、青森の人と鹿児島の人の会話で「お国はどこですか？」というと「国」は「県」を意味しますが、青森の人同士で同じ質問をすると、「都市」や「市町村」を意味するものになり、最終的には「集落」単位になります。

鯨本　つまり、話す人同士の関係性によって、共同体の規模や意味合いが変わるということですね。

内山　はい。そして共同体には普遍的な形がなく、絶えず変貌していることも特徴です。

縄文人には縄文時代の共同体があり、海士町には島としての共同体がある。時代や地域によって共同体のあり方は違ったはずですから、共同体とは関係性がつくりだす世界ともいえます。

ひとくちに共同体と言っても、欧米やヨーロッパと日本では根本的に違っています。欧米やヨーロッパは、そもそも「生きている人間が社会をつくっている」という考え方なので、共同体はあくまで「人間同士の関係性」を前提としています。しかし日本では、「生きている人間」「死者」「自然」「神仏」という４つの要素が、共同体をつくっていると捉えられているのです。

鯨本 「生きている人間」「死者」「自然」「神仏」のうち「死者」とはどんな存在でしょうか。

内山 「ご先祖さま」という言葉があるでしょう? 日本の共同体は、死者をご先祖さまと呼びますが、それは自身の家系のご先祖さまだけではなく、地域社会をつくってきた先人たちをご先祖さまとして敬う言葉でもあり、日本古来の死者に対する考え方でもあるのです。東京から移住された阿部さんのご先祖さまは海士町にはいないはず。だけど、海士町《あまちょう》に住んでいると地域のご先祖さまの存在を、何となく感じませんか?

阿部 確かに、島の日常のなかで島のご先祖さまを思う機会は多いですね。

田園風景の中、佇む海士町の神社。先人から引き継がれた尊い存在のひとつ

内山 僕も同じです。上野村にうちのご先祖さまはいないはずだけど、いつの間にか地域のご先祖さまたちと一緒に暮らしているような気分になるのです。地域のご先祖さまたちの存在を感じながら、その土地と関係性を結んでいく。そういう感覚を大事にしていくと、神や仏の存在が現れる。ここでいう「神」は超越した天地創造の神ではなく、自然やご先祖さまのことです。

鯨本 私にとっても違和感のない感覚です。

内山 家系としてのご先祖さまを指すようになったのは明治以降のこと。家制度ができたことにより、欧米的な意味合いになってしまったのです。

ちなみに「宗教」や「信仰」という言葉も明治に生まれた翻訳語です。日本にはそもそも信仰という概念もありませんでした。信仰は特別なものではない。自分たちが生きる世界の中で「ありがたいな」と思えるものや、思わず手を合わせたくなるような世界に、神や仏を感じていたと言えます。

日本とヨーロッパ・欧米の共同体の歴史的背景

内山　領主権力が非常に強いヨーロッパでは、共同体のなかに必ず支配者がいました。小さい村でも必ず領主の館が町の真ん中にあって、隣に教会があり、その前に広場があるのが一般的です。

ヨーロッパにおける広場の歴史的背景に目を向けると、広場は命令を徹底するために人々を集める場所でした。命令を守れなかった者や従わない者は、見せしめとしてそこで処刑する。非常に野蛮な場所だったんです。ヨーロッパでは近代に至るまで支配関係が続いたので、権力者がいない共同体ができ始めたのは、近代以降になります。

鯨本　日本において広場といえるのは、どのような場所でしょう。

内山　共同体のなかに圧倒的な権力者がいない日本では、さまざま場所が広場化します。神社の境内やお寺の境内。多いのは道ですね。旅芸人が道端で芸を始めた瞬間に道は広場になり、芸が終われば元通りの道になる。

正確に言えば、日本でも戦時中に五人組(※)をつくるなど、支配構造をつくるための共同体をつくろうとした時期がありました。けれど浸透しなかったのは、おそらく縄文時代あたりから自分たちでつくりあげてきた強靭な共同体がベースにあるから。支配者であっても共同体の中にいきなり入ってくることはありえない。そんなことをすると一揆が起きるので、なんらかの理由で共同体の中に入る必要がある場合は、事前通告するのが通例ですね。

※江戸時代に領主の命令により組織された隣保制度。近隣5軒を1組とし、お互いを見張るなど連帯責任を機能させた

海士町の伝統行事も神社や道で行われ、その瞬間、道が「広場」となる

鯨本　つまり日本ではかつて、「強力な共同体」が機

能していたわけですね。しかしながら今の日本では、都市を中心に共同体が存在感を失ってしまい、人間関係の希薄化が進んでいます。それにより孤独や孤立など、さまざまな問題が引き起こされているように思いますが、この変化をどのように解釈すれば良いのでしょうか?

内山　そうですね。逆説的なようですが、明治以降に欧米の考え方に基づく「共同体」という言葉が生まれて以降、それまでの日本の共同体とは異なる世界観の共同体にシフトしていったという流れがあります。

日本古来の共同体は、先ほどお話しした通り、人と自然と死者と神仏でつくり上げてきたものです。それが、欧米的な人と人との関係性だけで構築される共同体へと意味合いが代わり、時代の変遷とともに、自ずと共同体の力が弱まったと考えられます。

ただ、そうしたなかでも再び共同体として、関係性を結び直そうとする人たちが生まれているのも事実です。かつての日本的な共同体のあり方を参考に構築される新しい関係性も含めて、共同体はこれからも変わっていくでしょうし、それで良いのです。

鯨本　共同体が「常に変貌《へんぼう》するもの」であれば、これからも変化できるということですよね。

共同体という単位で社会をみつめていくと、巨大な世界をみつめるだけではたどり着けない、ミニマムな答えがみつかるように感じています。小さな島でも、地方都市でも、大都市でも、「なわばり」の意味もある「シマ」という規模のコミュニティの単位で、持続可能なあり方を見つめ直すと、それぞれが生きていくために重要な原点や精神にたどり着けるような……。

内山　もともと日本の人たちは「自分」に出発点があるのではなく、「自分をつくっている関係性」そのものに本質がある、という関係本質論のなかで生きてきました。確かに「僕という固有の個体」はあるけれど、僕をつくっているのは僕なるものじゃなくて、例えば「僕と自然との関係」だったり「僕と人々との関係」だったり、時には文化や歴史、さまざまな関係性が僕をつくっているという認識です。

　一方、欧米は個体を細かく分解していった先に存在する「固有の答え」を追求してきました。しかし、そうした個体理論に限界を感じ、200年前から東洋的な関係本質論を学び始めています。日本では反対に、明治以降からヨーロッパや欧米の個体理論を追求してきた結果、壁にぶつかってしまった。そこで再び日本も関係本質論的な世界を見直そうという方向に向かっているのでしょう。

海士町にみる島の共同体

鯨本　生き残れるシマ（共同体）について考えていくには、「互いに支え合える関係性」や「互いに了解し合える関係性」が大事になり、その規模はなわばり的な意味で「シマ」と呼べる「集落単位の小規模コミュニティ」なのかなと思います。

　阿部さんのいる海士町の人口規模は2300人。ひとつのシマとして考えるには、それなりに大きな規模だと思いますが、阿部さんにとっての共同体とはどのようなものですか？

阿部　海士町には集落が14あり、僕は約200世帯が暮らす集落の中で、さらに7世帯で構成される「組内《くみうち》」に所属しています。毎週のように回覧板が回ってきて、自分にとっては最も身近なアイデンティティです。誰がどんな風に暮らし、どういう仕事をして、何時ごろに帰ってくるとか、そういうことをよく把握できているのが組内というコミュニティなのです。組内での関係性を例に挙げると、共同体とは災害時などに「お隣さんどうしてるかな？」と、すぐに助けに行ける距離感かなと感じています。

阿部さんも参加した神社のしめ縄づくり。共同体の強いアイデンティティがある

鯨本 普段から距離感が近くて、勝手を分かっているからこそ、異変を察知することもできる関係性ですね。

阿部 集落単位だと、うちの集落では地域の氏神様のお祭りをしたり、地区の掃除をしたり、そういった行事ごとは集落で動くことになります。他には、僕は教育委員や商工会理事でもあるので「町」という単位にも関わりは深いですね。

海士町は過去、合併や財政破綻の危機的状況に陥った過去があったからこそ、町という単位のアイデンティティにもそれなりの強さがあると思っています。

鯨本 合併といえば、あの平成の大合併の時に合併しないことで合意をした、お隣の知夫里村や西ノ島町の皆さんも、それぞれが「島」や「町村」という単位での共同体を強く意識しているのかもしれないですね。

阿部 そういう意味でも内山さんのいう「共同体は関係性がつくる世界」は腑に落ちました。

というのも僕自身は、海士町に知夫里島と西ノ島町をあわせた「隠岐島前」の規模になると、関係性が極度に弱くなってしまうと感じているのです。「島根」という括りになるとさらに弱くなる。しかし一方で、「日本」には共同体としての関係性を感じることができる。この強弱はなんだろう? と疑問に思っていました。

鯨本 確かに。距離や規模に関わらず、フレンドリーに思えたり思えなかったりしますね。

内山 一番小さい共同体の単位は「家族」ですよね。けれど家族だけではうまく暮らしていけず、集落単位の共同体がある程度うまくまわってないと、家族という共同体もうまくいかないものなのです。

鯨本 最小単位の共同体を支える形で、共同体の規模が大きくなっていくわけですね。

内山　東京の「伊豆七島」と一括りにいっても実際は、大島や三宅島など色々な島があります。そこで隣り合う島同士が互いにつながって生きているかといえば、意外とそうではない。自分の島を出るなら、隣の島に渡るのも、東京に渡るのも同じだから、そんなに強いつながりを持っているわけじゃない。これは、「街道」を移動するだけで近隣のエリアと交流が生まれる内陸部と島の大きな違いです。

鯨本　「航路」を通じたつながりがあるとはいえ、海に隔てられている島には、隣町に歩いていける地域とは異なる感覚がありますね。

阿部　共同体における「関係性の強弱」は、言い換えると「影響力の強弱」とも言えそうです。住む町が変われば、僕や家族の暮らしは変わりますが、その理由は僕と町には強い関わりがあるから。隣の島のような近隣エリアよりも、「日本」という共同体に強い関係性を感じるのも、僕が日本に大きな影響力を感じているからなのですね。

鯨本　「家族」「組内」「集落」「町」「近隣地域」「県」「国」など、自分が関わる共同体はさまざまにあるものの、それらに強い関係性を感じるか否かは、その影響力を自分自身がどう認識しているか？によって変わるということですね。

共同体に必要な暗黙のルール

鯨本　「血縁でつながる共同体」に対して、職業などの「テーマでつながる共同体」などもありますが、集落規模の小規模コミュニティが、その関係性をより強くするためのヒントはありますか？

内山　経済という言葉で語るなら、私たちは今、全部お金に換算して経済を考えています。しかし、元々はさまざまな経済システムが重層的に重なり合ってできあがる複合経済が基本でした。

売ったり買ったりする経済は昔からあるけれど、それがすべてではなく、共同体のなかには「贈与」の経済もある。「魚がとれたからあげるよ」「野菜がたくさんできたからあげるよ」という、物質的なやり取りもあれば、労力をあげたりもらったりするという側面もある。お金に換算して市場でやり取りするような経済は、経済の中のほんの一部に過ぎません。

むしろ市場を通さない経済の方が、共同体にとっては重要でした。

鯨本　「おすそわけ」のようにお金を介さない経済ですね。

内山　等価交換しようといっても、値段がついて初めて等価交換が可能になるので、市場を通さない経済のルールを考えるのは簡単ではありません。だからこそ共同体ごとに「暗黙のルール」ができていくのです。

実際、僕の住む上野村でも何かをいただいた時に「ありがとう」で済む場合もあれば、少し丁寧にお返しをした方がいい場合もある。そういう暗黙のルールには罰則があるわけでもないけれど、共同体の暮らしを楽にしていくルールのようなものが、どこの共同体においても、自ずとできあがっていくのです。

鯨本　暗黙のルールが共同体の暮らしをより良くする要素なのですね。

内山　共同体は、それぞれに暗黙のルールをつくりながら経済をまわしていくという、非常に大きな役目を果たしていたのです。

現在は、共同体そのものが暗黙のルールをつくるという機能が低下しているため、本来は多様なはずの経済も、そのほとんどがお金に換算して取引する形に

小さな共同体ではあたりまえの「おすそわけ」。贈与により資源が分配される

なっています。都市部では99%以上が、お金を介する経済で成り立っています。

鯨本　お金を介さず、支え合いのなかでまわしていける経済がどんどんなくなっている印象は、都市に行くほど顕著に感じます。

内山　ただ、そういう社会のあり方が煩わしくなってきた人たちもいます。そして、その人たちがヒントにしようとしているものこそが、かつての共同体がつくっていた暗黙のルールなのです。

それぞれの共同体の中で、みんながうまくいくための新たなルールをゆるやかにつくろうとしている人たちがいます。ルールと言っても罰則を伴うようなルールではなく、「こんな感じでいこうね」というものに過ぎない。形としては昔の共同体とも違いますが、内容としては、かなり似たものを目指しているという時代が始まっています。

鯨本　暗黙のルールへの再評価がなされているなかで、阿部さんの島には「共同体」に対し、あこがれを抱いてやってくる方も多いと思います。暗黙のルール含めた共同体というものに対して、どのように感じてらっしゃいますか。

阿部　現在、島の人口は2300人で、20年間でおよそ800人が移住し、400人がそのまま残っています。僕も含めて、経済的合理性を考慮した暮らしを求めるなら、島には絶対こないはず。けれど、何かを求めて思わず島に来てしまい、根を張る人々がたくさんいるのです。

鯨本　そうした人々が求めていたものは、例えば貨幣経済に偏った地域では得られないものであり、それが海士町には確かに存在していると。

阿部　そうですね。海士町にも1年半住んでいた英治出版の原田英治さんとは、よくこんな話をします。「経済を何かの『交換』に置き換えてみたら、もちろん物の交換もしているけど、車ですれ違う時に手をあげたり、挨拶をしたりすることも交換だよね。しかも、おすそ分けを多めにもらったり、困ったときに助けてもらって、借りを作ったなと思うと、次はまたお返ししようとして交換が続く。その場でお金を払って清算すると交換が終わってしまう。交換数がお互いの関係を強化しているのも面白いところだね」と。そしてその数が、お互いの関係を強化している感覚が強くあります。

そんな「不等価交換」が増えれば増えるほど関係性が強まる。そう仮定すると、そこに「暗黙のルール」の本質もあるような気もします。挨拶のように延々と終わらない経済的な関係性の中で生かされていることに、とてつもない安心感を感じるのです。

海士町のお祝いに欠かせない餅まきも、皆に喜ばれる豊かな不等価交換

鯨本　そういった関係性や安心感にあこがれて、島に人がやってくるのでしょうね。

海士町は、財政破綻寸前の危機的状況に陥ったところからのV字回復を果たしてきました。「生き残れるシマ」というテーマに重ねると、住民同士の関係性が、土壇場で強靭な強さを発揮したのだとも理解できます。共同体の強さを引き出すという点について、内山先生はどのように解釈されますか。

内山　例えば今、上野村は人口が1100人ぐらいの規模ですから「不便ですか?」と聞かれるわけです。村の中に多少の商店はあるけれど、そんなに商品があるわけでもなく、一番近くのコンビニに行くには車で30分ぐらいかかるので、お金を使って生きていこうとすると決して便利ではありません。けれど、生きていく場所としてはとても便利な場所です。

毎年、うちの裏山では松茸がとれますし、松茸が出てくるということは他のきのこもいっぱい出てくる。畑に行けば作物があるし、自分で育てていなくても近所の方に「いい具合になってるね」と声をかければ、いくらか分けてもらえたりもします（笑）。そういう点でとても便利なのです。

鯨本　まさにお金を介さない経済である、支え合いの文化がしっかり残っているのですね。

内山　はい。だから何か困ったことがあっても、隣に連絡すれば何とかしてくれるし、お金を使わなくても何とかやっていける。生きていく上での便利さという点では、都会よりもずっと便利なのです。

一部の人たちは、そのことに気が付きはじめています。「不便だけどここで暮らそう」という感覚ではなく、「今まで社会が追い求めてきたような便利さはなくてもいいかな」という感覚で、忘れかけていた便利さをもう一度取り戻したいと思える人たちが、ずいぶん増えてきたと感じています。

行き過ぎた貨幣経済と虚構化される人間

鯨本　「忘れかけていた便利さ」は深掘りすると、どのようなものでしょうか？

内山　すべて実態に裏付けられた便利さのことです。例えば、隣の人に連絡すればすぐに手を貸してくれるとか、季節がくればこんな食材がとれるとか、すべてに実態が伴います。

ところが、「お金を使って生きていく便利さ」は、そもそもお金自体が実態のよく分からない存在なので、「虚構の便利さ」のような側面があります。

さらにいえば、昔はお金を使って実体を買うという世界だったけれど、今やある程度お金を持っている人たちの世界では、お金が投資用資金に変わっているのです。売上のいいデパートは投資コンサルタント化していて、腕時計ひとつ販売するにしても、「今は100万円ですが3年持っていれば200万円になります」という売り方をする。その時計を実際に腕にはめて生活しようと思っているわけじゃない人が買っているのです。

鯨本 便利さを買うだけではなく、投資の手段としてもお金が使われているわけですね。

内山 はい。そしてお金を使う便利さなら東京が一番便利ですよ、という言い方ができますが、東京にはお金を使う便利さ以外の便利さはない。そのことに気がついた人から価値の転換が始まっています。

最近はさらに一段階、変わってきたように思います。単にお金に振りまわされるのではなく、生成系ＡＩが加わったことで「虚構によって虚構がつくられていく世界」が加速し、それが大きな力を発揮しはじめている。そこで、それよりは「海を見たら魚が１匹見えた」という世界を欲しいと考える人が増えているのです。

鯨本 世界のルールがガラッと変わってしまったときに信じられるのも、リアルな共同体の中にあるリアルなつながりや関係性ということですよね。

阿部 以前、台風がきた時に東京の友だちが心配して電話をかけてきてくれました。僕は「フェリーが１日欠航したけど、何の被害もなくみんな元気で大丈夫」と伝えて、友だちの状況をたずねると「帰りの電車が止まって大変だった」と。

ここで感じた認識のズレは何に起因するのだろう？と考えたところ「共同体が機能しているか否か」によって大きく変わってくると思ったのです。

島では何かあったときに相談できる人がいる。だから、自然災害にも対応できるし、安心していろんなチャレンジができるという実感があります。

鯨本 日本はもともと自然災害のリスクが高いのに、自然災害に対応できるような共同体が減っていて、どの共同体にも属さない人がどんどん孤立し、孤独になっているという社会問題もあります。

内山　虚構の中で生きていると、最終的には自分も虚構化してしまいます。確かに自分は毎日ご飯を食べて生きているのだけれども、社会の中では、その人はいてもいなくてもいい。社会がその人を、ひとりの虚構としか見てないという状態です。

鯨本・阿部　（絶句）

内山　その点、強い共同体がある社会では、人と人が関係し合っていますから、お互いになんらかの価値を感じられる。だから共同体の中にいる人は、虚構化することがないのです。

多様なリーダーの存在が共同体を強くする

鯨本　「関係し合う社会」でいえば、ひとつの共同体のなかに、たくさんのリーダーがいることが良い状態でしょうか。

内山　はい。正確にいえば、部門ごとにリーダーがいる状態ですね。漁には漁のリーダーがいて、祭りには祭りのリーダーがいて、何かあったときにまとめるのが上手いリーダーもいます。もっと言えば、漬物をつくるのが上手いリーダーや、パンをつくるのが上手いリーダーなど。全部門を統括するリーダーがいない代わりに、いろんな部門ごとにリーダーがいて、それぞれのリーダーのもとに補佐役がいたりする。だからみんな役割ができ、虚構がつくられない。みんなで関係し合って生きているのが良い状態なのです。

皆で料理をつくる場面では、手慣れたお母さんがその場のリーダーとなる

阿部　海士町の強みは「権力者がいないことじゃないか」と、よく副町長と話しています。圧倒的な権力者はいないけれど、たくさんのリーダーがいる。それも

強い共同体にとって重要な要素だと感じます。

鯨本 役割があるということは、孤立しないということですよね。多様な役割があり、つながり合える関係性がたくさん増えていくことが、日本列島全体がしなやかな強さを培っていくことにつながるのですね。

役割から学び合う地域で生き抜く術

阿部 「地域を育むための役割」を、もう少し能動的な言葉に置き換えると「出番をつくる」ことかもしれません。「役を取りにいく」ような姿勢は共同体にそぐわず、シラけてしまうところがある。だからあえて出番をつくることで、その人を引っ張り上げていく。海士町では出番をつくることをすごく意識的にやっています。

内山 実は、日本の昔の社会は「役割をつくる」ことを意識的にやっていたのです。島は特にそうした意識が強い地域だといえるでしょう。今はフェリーがありますが、昔は船も小さく海がシケるとしばらく島から動けない。そんなときでも助け合っていかなければならないから、覚えなければいけないことがたくさんあるわけです。

阿部 確かに、道具の使い方ひとつから、魚のさばき方、身の危険の守り方まで色々ありますね。

内山 子どもの教育にしても、昔は寺子屋で教わる読み書き以上に重要だったのは、地域の人たちが教えたり注意したりしながら、大事なことを学んでいくということでした。

教育分野の研究者は、親が子どもに教えるのはあまりうまくいかないと言います。親がしっかり教えようとしてガミガミ言ってしまうと、子どもは反発してしまうし、甘くなってしまえば教えられない。農業でも漁業でも、家業を手伝っているうちに、結果として教えられていることはありますが、それ以外のことは親ではうまく教えられないと言うのです。

共同体における子どもの教育で、重要な役割を果たしていたのは「子ども組」の存在です。比較的年齢の近い年上の子どもから年下の子どもに、大事なことを教えていくのです。共同体のなかにはいろんなお祭りがありますが、ある種のお祭りは子ども組の役割で行われているのです。

うちの村では、4〜5歳から小学校1年ぐらいまでの子どもたちが、お釈迦《しゃか》さんの誕生日を祝う祭りを担当します。境内をきれいにして、その頃に咲く野花で境内を飾り、手づくりの甘茶《あまちゃ》を振る舞う。そのときに竹のコップをつくるのですが、刃物の使い方を先輩が後輩にきちっと教えるのです。お祭り当日には大人も来ますが、大人たちは途中で絶対に口を出さないのが暗黙のルール。村で暮らすために一番初歩的で大事なことを、子どもたちはそこで覚えるのです。

阿部　人に教えることは最も真剣に学ぶことでもありますよね。

鯨本　三重県にある答志島《とうしじま》には、中学校を卒業した男子数人が組になって、地域内の別家庭に寝泊まりをする**寝屋子《ねやこ》制度**（※）があります。時代の変化もあり、かつては毎日行われていた習慣が週末だけに変わるようなところはあると聞きますが、その精神や文化はしっかりと継承されています。

※三重県鳥羽市の離島・答志島の風習。中学を卒業した男子数名を「寝屋親」に選ばれた地域の世話役の大人が預かり寝泊りさせるなど面倒をみる風習。世話をする家を「寝屋」、預けられる男子を寝屋子と呼ぶ

内山　いわゆる合宿生活ですよね。そこでは礼儀作法から島で生きていくために大事なことを先輩が後輩に教える。すると、教わっている人は「来年は自分が教えなきゃいけない」と身が入る。こう

答志島で毎朝行われているラジオ体操。子どもたちは地域の皆に見守られている

した仕組みが力を発揮していたのです。

鯨本　昔からそれぞれの共同体に人を育てる仕組みがつくられていたということですね。

内山　今の教育がまずいのは、学校教育だけに一本化され、地域の人が教えたくても口を出しにくい雰囲気があるところです。子ども組や若者組もなくなってしまったことで、教育がうまく機能しない時代をつくってしまったのです。

しなやかな強さを内包する共同体の可能性

鯨本　人を育てるという意味では、海士町は教育や子育て分野で、さまざまな改革を実践されていますよね。

阿部　海士町を含む隠岐島前《おきどうぜん》3島では、15年前から「高校魅力化プロジェクト」に取り組んできて、当時15歳だった子が30歳になりました。

知夫里島では、島前高校に通っていた子がその当時から「将来は地元の畜産業を継いで島で暮らしたい」という思いを持って慶応大学で学んで島に戻ってきました。畜産をやりながらお店をはじめ、議員にもなっている彼は、島のことも島外の世界のことも知っていて、未来に向けて何が必要なのか本当によく考えているのです。

要するに、こういう若い子がいるかいないかが肝で、中堅世代が地域でがんばっていこうと思ったときに「自分が倒れたらおしまいだ」と思ってやるのか、「頑張れば次につなげてくれる存在がいる」と思ってやるのかでは、心持ちが全然違います。

一方、教育に関しては「地域のための教育」なのか、「その子のための教育」なのか、というジレンマがあるように思います。

鯨本　そのあたりがバランスよくつながると良いですよね。子どもたちはさまざまな年代の方とふれあいながら、地域のなかで自分に与えられた役割をまっとうすることで自己肯定感を高め、自己のアイデンティティを培っていく。そして結果的に、生きるために必要な力が磨かれていたら、世界中のどこへ行っても通用する人材にもなれるわけです。

阿部　確かに。想いを持った子どもたちに対して、大人が「世界で羽ばたいておいで」と送り出すことが大切。僕自身、島で子育てをしながら感じています。

鯨本　今は子育てにしても教育にしても、何をするにしても責任の所在が追求されがちですが、共同体のなかではそのあたりを暗黙のルールとしておおらかに捉えやすいですよね。それぞれに役割を与え、挑戦する機会をつくることによって、結果として、子どもも、自分自身も生きる力が高まり、生き残れる共同体が育っていくのだと思います。

阿部　僕自身は、強い関係性の中で人が生きていくことの豊かさや大切さをもっと社会に広めたいと思い、活動を続けています。関係資本が強い島に暮らし、その関係性を武器に会社経営をしている者として、島で見つけたエッセンスを色々なかたちで届けたいです。

内山　島はやはり可能性の宝庫ですよ。個々が関係しあえる共同体という世界が、一番壊れていないのが島。僕の住む村でも車で30分走れば、人口10万ぐらいの小都市がある。村にある関係性もかなり意図的に守っていこうとしなければ、画一的な郊外の都市みたいになってしまう。やはり「ここで生きていこう」という覚悟を持って生きている人がいる島の共同体は、可能性に満ちていると思います。

写真提供：風と土と（117、118、120、125、128ページ）

DIALOGUE 2

離島発。持続可能な未来をつくるすべ

2015年より世界に広がった「SDGs（持続可能な開発目標）」が
掲げる合言葉は「誰一人とりのこさない」。
限界を迎える地球環境のなか、誰一人とりのこさず
心豊かに生き残るにはどうすればよいか?
リトケイ・鯨本あつこがモデレーターを務め、
サステナブルな世界を追求するなかで
沖永良部島に辿り着いた東北大学名誉教授の石田秀輝さんと、
奄美大島「あまみエフエム ディ!ウェイヴ」放送局長として
島をみつめてきた麓憲吾さん、休校した小学校を復活させた
人口150人の男木島で暮らす額賀順子さんと共に、
持続可能な未来をつくるすべについて語ります。

石田秀輝（いしだ・ひでき）

1953年岡山県生まれ。伊奈製陶株式会社（現LIXIL）取締役（CTO最高技術責任者）、東北大学大学院環境科学研究科教授を経て、東北大学名誉教授、京都大学特任教授、合同会社地球村研究室代表社員ほか。2014年に沖永良部島へ移住。著書に『光り輝く未来が、沖永良部島にあった！』（ワニブックス）ほか多数

麓 憲吾（ふもと・けんご）

1971年奄美市名瀬生まれ。有限会社アーマイナープロジェクト代表取締役、NPO法人ディ代表理事。島に生まれ育ったことを誇りに思える「島アイデンティティ」をテーマに、ライブハウス「ASIVI」の経営やイベントの企画制作、コミュニティFM「あまみエフエム ディ!ウェイヴ」の運営など多岐にわたって活動

額賀順子（ぬかが・じゅんこ）

1974年福島生まれ。大阪芸術大学文芸学科卒後、WEB制作会社に勤務。2014年家族で大阪から男木島へ移住。島に図書館をつくるためNPO法人男木島図書館を設立。フリーランスのウェブデザイナーとして活動しながら、島出身の夫と共に人口150人の島の暮らしを支える数々のプロジェクトを立ち上げ実行する

暮らしを持続可能にする3つの要素

鯨本　自分の暮らしや、地球を持続可能にしていこうと言っても、何から手をつけていいかわからない人は多いと思います。そこで、持続可能な暮らしを求めるなかで、沖永良部島《おきのえらぶじま》を選ばれた石田先生の考えを伺いたいです。

石田　まず、島の暮らしそのものが都会とは全然違っています。皆がなんとなく「持続可能」という言葉を使っているけれど、持続可能な暮らしとは、具体的に「今の生活の4割の環境負荷で暮らすこと」なんです。

日本人と同じライフスタイルを世界中の人がするとしたら、計算上では2・8個分の地球が必要になります。2・8分の1は0・36%だから、平均すると今の生活のおよそ4割で暮らさなきゃいけない。そこで、環境負荷を4割にしても我慢しない暮らし方や、わくわくドキドキできる暮らし方はどんなものかと考えたとき、沖永良部島にその要素がしっかり残っていたのです。

鯨本　我慢せずに4割で暮らす。言い換えればどのようなことが言えますか?

石田　日本人が本質的に持っていた価値観を生かすことです。都会では失われてしまったものが、島にはいっぱい残っている。そういったものです。

江戸時代の末期から明治初期にかけて、外国人が日本にやって来ました。その時、アメリカ総領事のタウンゼント・ハリスの通訳を務めていたヘンリー・ヒュースケンは「日本に西洋文化を持ち込むことそのものが罪悪だ」「景色も、人も、この国はすべてが天から下ってきた」と言った。つまり、豊かだったわけです。

西洋のような一神教の世界では自然という存在は、自分たちの足元にあるものだけど、日本人のようにアニミズム型の社会観を持った人は、自然に畏怖の念を抱き、崇拝もする。

鯨本　そのような日本の自然や文化、人の姿をみて外国人は豊かだと感じたわけですね。

石田　我々自身がその自然に生かされていることを知り、自然を活かして、自然をいなす。そうした文化の中で、培われた価値観といえば、協働して行事を行う「地域」の概念。それぞれの役割を伝承する「家族」という概念。祈りや畏怖の対象として「自然」の概念などがあります。それらが僕の住んでいる沖永良部島には残っている。住んでいるとその素晴らしさになかなか気づけないいんだけれど、島内外の皆に気づいてもらうことが、僕はとても大事だと思っています。

鯨本　持続可能な暮らしのベースに「地域」「家族」「自然」がある感覚は、男木島《おぎじま》や奄美大島《あまみおおしま》にもありますか？

約1万1,000人が暮らす沖永良部島には持続可能な生き方のヒントが存在

額賀　まだまだ模索中だと感じています。男木島の人口は現在約１５０人。9年前に私たちが移住してきたときは１７０人ぐらいだったんです。そこから移住者が50人増えていますが、総人口としては20人減っているんです。高齢者の割合が高いなか、そもそも島の持続可能性そのものを考えにくいため、もがいているような感覚です。

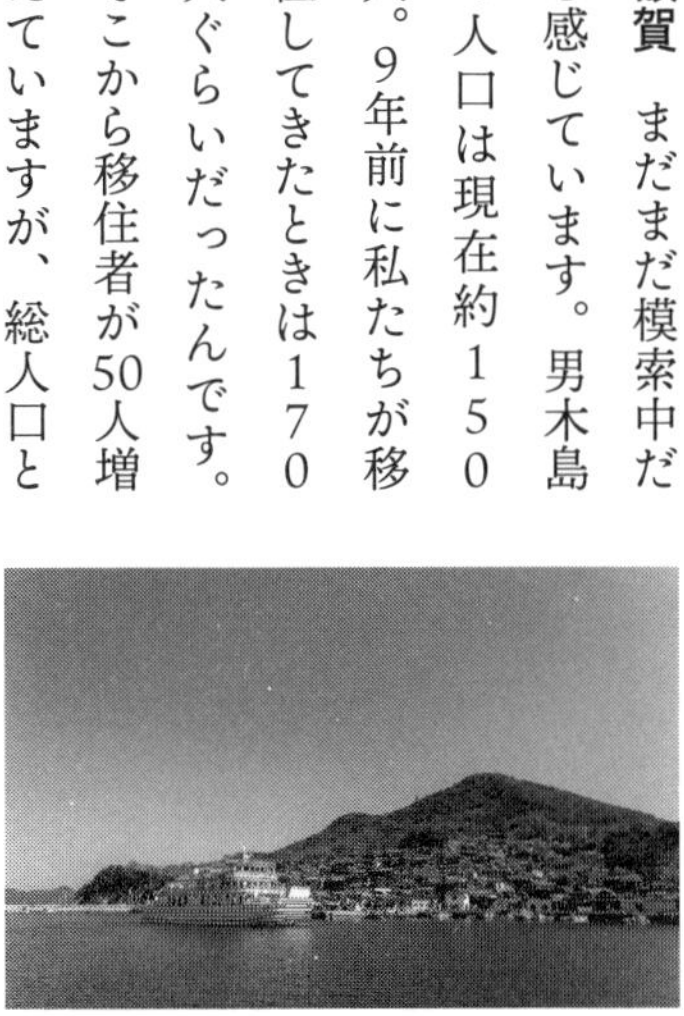
高松市からフェリーで約40分の男木島。小さな島の斜面に家々が立ち並ぶ

鯨本　人口が極限まで減ってしまうと、石田先生がおっしゃる「わくわく」の余地がない暮らしになってしまうということでしょうか。

額賀　今の段階では、自給自足的な暮らしや、島全体が大きな家族といえるような営みが、自然にできる人口規模だと思います。ただ、この先これ以上人口が減っても持続できるのかといえば、結構厳しいんじゃないかと感じています。

鯨本　150人よりも少ない規模のコミュニティで、持続可能な暮らしをつくる方法が必要ですよね。麓さんの暮らす奄美大島は6万人規模の大きな島ですが、持続可能な暮らしのベースにはどんなものがありますか。

麓　僕は名瀬という奄美大島の中でも大きな町で生まれ育ち、一度島を出てUターンしたんですが、そこで改めて島内のコミュニティを客観視することができました。同じ島でも「町」と「集落」ではコミュニティの性質が違っていたんです。

僕の中で印象的だったのは、集落に暮らす同年代や後輩たちの姿です。生まれたときから一緒に過ごしている仲間と何かをつくり出したり、一緒に子どもたちの面倒をみたり、敬老会を盛り上げたりする。そういう彼らの生きざまを見て感動して、地域のなかにアイデンティティを見いだす彼らを頼もしく感じました。

鯨本　奄美大島では「集落」を「シマ」と呼びますよね。麓さんが生まれ育ったのが「マチ」だとすれば「シマ」で生きる人々に感銘を受けたわけですね。

麓　この先もさまざまな影響も受けるとは思いますが、集落に暮らす彼らはこれからも島に暮らし続けるでしょうし、常にみんなで考えながら、何かを生み出していくんだろうなと。

限界もあるかもしれないけど、持続可能性ってそういう気概のなかから生まれてくるものだろうなと思います。僕は彼らから学んだものを、島中のコミュニティにどうフィードバックするかを、自分の課題だと捉えていて、そこにトライすることに、

麓さんが生まれ育った「マチ」。奄美大島の中心市街地・名瀬の町並み

日々ドキドキわくわくしています（笑）

学校の復活を叶えた小さな島のコミュニティ

鯨本　集落規模のシマで、共に生きる仲間とドキドキわくわくしながら、何かをつくり出す姿はかっこいいですよね。額賀さんは旦那さんが男木島のご出身ですよね。

額賀　はい。そういう意味では確かにずっとドキドキわくわくしているというか、自分たち一人ひとりが、ハンドルを持っているという意識がとても高いと感じます。

鯨本　男木島は休校した学校が復活したことでも知られていますが、学校の復活も代表的な例ですよね。

額賀　学校復活に関しては、本当に運が良かったと思っています。瀬戸内の島々では瀬戸内国際芸術祭が開催されており、夫が島のホームページをつくる仕事を受けたことをきっかけに、夏休みに2週間ほど島に滞在したんです。その時、休校中の学校でアーティストさんたちがワークショップや展示をしていて、それを見た当時小学校4年生だった娘が「私、この学校に通ってもいいな」と言ったんです。

鯨本　きっかけは娘さんの一言だったと。

額賀　そうなんです。夫は島に対して瀬戸芸という強い光の部分と、人口減少という影の部分を感じるようになっていました。

私は福島県出身で、東日本大震災を機に故郷という存在や、持続可能な地域の在り方を考えていた時期と重なっていました。そこで娘の発した言葉に夫婦で便乗する形で、行政に掛け合ってみることにしたんです。

当初、行政側からは「時間がかかります」と言われ、私たちも「すぐに学校を開けてほしいと思っているわけではないですから」というやりとりをしていました。でも「どれぐらいかかりますか？」と聞いたら「10年かかります」と。それだと娘は20歳になってしまいますし、10年後に学校に通う子どもがいるかどうかも分からない。子育て世代が住めないということは、その島に滅べと言っているのと同じじゃないですか。そこで改めて、良くない状況に気づいたんです。

鯨本　学校がなくなり、子どもの姿がなくなると、その地域は一気に老け込んでしまうんですよね。

額賀　そこで行政に対して、学校というのは子育て世代のためだけにあるものではなく、地域全体のためにあるものではないか？と話した時に「では、地域として学校が必要であるということを表してください」と言われました。そこから2週間で８８０筆の署名を集めて高松市議会に提出し、現市長である大西さんに「復活させましょう」という言葉をいただき、補正予算がついたんです。当時、大阪に住んでいた私たち家族は男木島へ移住し、学校再開まで一気に駆け抜けました。

石田　僕はいまだに約９００筆の署名で学校が復活したという事実が信じられない気持ちでいます。もう一つ何か琴線に触れるものがあったはず。それは何だろうって、ずっと不思議です。

額賀　署名に関していえば、男木島に関係する人、瀬戸内に関係する人を中心に集めました。島に関係する人たちがこれだけ「欲しい」と言っているということ。さらに瀬戸芸がテーマに掲げていた「海の復権」に重ねて、地域の学校を復活させたいという人々の思いを汲んでほしいという2点を訴えかけました。

男木島小学校が復活し中学校や保育所も次々復活。子どもたちの声が戻った

石田　署名を集めるために、どんなアナウンスをしたんですか？

額賀　島の方に相談したら、自治会がその日のうちに全島民の署名を集めるために動いてくだいました。そこから島の子どもや親戚に伝えてくれて、ほぼ口コミで集まりました。あとは夫のＳＮＳですね。

石田　やはりそれだけコミュニティがしっかりしているからですね。素晴らしいことだと思う、本当に。

鯨本　コミュニティの中に一定の共通認識が生まれ、みんなで学校を復活させようと働くエネルギーそのものにもわくわくします。

額賀　署名期間が2週間と決まっていたので、それ以上集めることはできなかったんですが、最後は広まりすぎて夫にいろんな方から電話がかかってきて。これ以上は取りまとめられないという状況になりました。

石田　その出来事は何年のことですか。

額賀　２０１3年ですね。翌２０１４年の４月から学校が再開されました。

石田　僕たちの調査によると、２０１１年の東日本大震災を契機に多くの人の心が変わり始め、今回のコロナでさらにガラッと変わったんです。みんなが今の社会に違和感を感じはじめた頃に火をつけたという感じかもしれないね。

額賀　そうしたタイミングではあったと思います。

石田　男木島の人口が１７０人から１５０人に減ったということは、つまり88％になったわけです。日本はこの先、１億２７００万人から８０００万人に減ると言われており、そうすると今の66％くらいなってしまいます。

日本と同じ面積の国であれば、ドイツは今も

8600万人しかいません。でも人口減少で大変かというとそうではない。要するに人口減少というのは、世界先進国はみな同じ流れにあるんです。
ただ、何が問題かというと、人が都会にばかり集まってしまう構造に問題がある。それによって特定エリアが急激に劣化している事実こそ、考えるべき問題だという認識が必要なのではないでしょうか。

持続可能性を生む自然とコミュニティ

鯨本　総人口の議論よりも、日本がいかに強くしなやかな島国であれるか？が重要だと思います。そこでコミュニティという意味での「シマ」で言うなら「自分のシマはどうかな？」と足元をみつめてみることが、毎日をドキドキわくわく過ごすための一歩になるんじゃないかと思います。
そうなると離島という場所はとてもおもしろく、現代的な価値観とは異なる、心の豊かさを感じられる瞬間がたくさんあると思います。

麓　集落の人たちが自分で何かを生み出すことが、結果的に島の個性や魅力になっていると思います。僕は25年前に、それまで奄美大島になかったライブハウスという環境をつくって音楽を盛り上げようと思ってやってきましたが、今は島の環境というより、島に暮らす人たちの気持ちづくりが大切だなと感じています。

鯨本　気持ちづくりでは、あまみエフエムの取り組みでも、「帰っておいで」というメッセージを積極的に発信されていますよね。

あまみエフエムには集落を訪問し、島の人にインタビューを行う人気企画も

麓　要するにアイデンティティの形成なんです。「島を出る」という

選択肢があるなかでは、生まれ育った場所に対する自分の所属意識や役割を認識して、故郷を客観的に感じられることが大事です。島を出たとしても、内地で身につけた技術や技能、センスを島にフィードバックして、島のみんなと一緒にものごとを生み出していけたら、新しいコミュニティの個性が生まれ、吸引力もさらに高まるのだと思います。

そこで常に課題に感じるのは、島にいながら「自分たちの島ってこんな魅力的なところで、楽しい場所なんだ」と言うことを客観的に伝えていくことです。地道な活動ですが、そこから始めないと未来につながっていかないという印象はありますね。

鯨本　一方で、「都会の方が優れている」という価値観から、親から「帰ってくるな」と言われる人も少なくないと聞きます。

石田　地方には、いまだに「都会に行った方がいい」「都会に行けば安心だ」という感覚は根強いですよね。でも、実際は都会に暮らしていても、非正規雇用の平均年収が172万円というなか、結婚もできなければ、デートもできないほど余裕のない状況にある。

「島には仕事がない」と言われるけれども、現実には島は人手不足で困っていて仕事だらけですよね。そこをどう説得したらいいのか……。

鯨本　島や田舎には、都会ほど多様な仕事がないことは事実だと思いますが、都会だからといって誰もが満足な仕事に就けるか分からないわけですよね。考え方次第では、島には仕事がたくさんあるし、自分でつくりだすこともできますよね。

改めて、そんな島の良さとはなんだと思いますか？

石田　自然とコミュニティですね。ただ、「自然」と言っても、自然の中で暮らすことと、観光で自然を見ることは全然違います。ホモサピエンスは20万年生きているわけじゃないですか。そのうちの96％は狩猟採集をやってきたわけです。自然の中で暮らし、自然に生かされていることを知り、自然を活かし、自然をいなすということが、DNAに組み込まれている。自然の中で暮らすために一番大事なのは、身体性と五感の意識です。

そこで自然との付き合い方を当たり前に知っている島の人たちは圧倒的に強いです。台風で船が少々止まったって、強いコミュニティがあるから、誰も泣き叫んだりしないし、むしろ誰かが玄関の前にジャガイモやゴーヤーを置いてくれたりする。

こうしたことは、昔は当たり前だったけれども、現代のようにコミュニティがなくなった世界では信じられないことで、「毒が入っているかも」と思う人さえいるかもしれない。支え合えるコミュニティがあること自体、もっと自慢していいことじゃないのかな。

鯨本　支え合えるコミュニティそのものが地域の財産であると。

石田　島だと常に「ワーク」と「ライフ」がオーバーラップしていますよね。ワークアズライフなのか、ワークライフバランスなのか、そんなことは関係ない。誰かが困っていたら、仕事の途中でも平気で手伝いに来てくれたりする。僕自身は島の感覚に慣れるのに10年かかりましたけど、そういう価値観や自然環境は、とてつもない資産だと思っています。

鯨本　なるほど。今年の台風では、奄美大島でも2週間近く船が止まっていましたよね。

麓　町と集落でそれぞれ特徴的な現象が見られましたね。町のスーパーからはものが全部なくなってしまうけど、集落では人々の間で補い合われている。集落には、「他人ごと」を「自分ごと」のように考える意識が根付いているので、地域や仲間の状況を情報交換しながら、互いに助け合っている感じがありました。

鯨本　仮に大都市圏で2週間も物流が止まったらどうなってしまうだろうと考えると恐ろしいですね。

石田　コミュニティがないところでは、全部ひとりで抱えなきゃいけないから、あっという間にものがなくなってしまうんです。

東日本大震災のときは、東京のコンビニからすべてのものがなくなりましたよね。その時、僕は仙台の端にいたんですけど、その様子をテレビ見ていた東北の人たちの方が「信じられない」とおどろいていました。東京はコミュニティが弱いから全部自分でやらなくちゃいけない。それってものすごい精神的負担ですよね。

額賀　東日本大震災の時、私は大阪にいました。離れて暮らす家族とも連絡が取れなくなって、いつどうなるか分からない恐怖を感じていました。

今、男木島に移住してきている若い人たちや家族連れの方たちは、なんでもつくれるし、なんでも直せるし、「自分たちで何とかできる男木島の人たちって最強じゃない？」という気持ちをみんなが持っていて、それが何ものにも代えがたいと思っています。

商品棚が空になったスーパーの様子。台風が常襲する島ではよくある光景

鯨本　石田先生がおっしゃる「4割の暮らし」も、具体的には壊れたものをすぐ買い換えるのではなく、直せてしまうようなことなのかなと思います。

石田　とにかく人が「多能」なんです。沖永良部島にいると、「この人はこんなこともできるの？」ということがしばしばあります。

僕が未来の働き方を描いたときに「ひとりが何枚も名刺を持っている状態」と表現したことがあるんですが、島に来てみたらすでにその通りだったんです。さらにすごいのは、「あの人はあれが得意だ」とまわりの人が知っていること。集落で何もできないのは僕だけですよ。物を持つにも力がなくて持てないから、ただ笑顔をふりまいているだけ。こないだは「いつまでもそれが通用すると思うな」って言われてね（笑）。

鯨本　大学の名誉教授でも、企業の社長でも、島の人にはかなわない面があるんですね。

石田　朝起きて、畑がきれいに整備されていたときはおどろきました。誰がやったか分からないけど、きっとあの人だろうなと思って声をかけたら「ついでだからやっといた」って、それで済んでしまう。だからって何かお土産やお礼を持って行くこともない。そういう世界に慣れるのに10年かかったけども、島は本当に生きやすいですね。

鯨本　人と人との関係性がポイントなんですね。

石田　島の暮らしを「なんでも探られているみたいだ」とか「強制的に掃除させられる」という風に捉えてしまうと全然ダメ。ついていけなくなります。

今、この場にはこういうやり取りを苦に思わない人だけが集まっているわけだけど、これを苦に思う人も世の中にはたくさんいらっしゃる。だから一時期、そういう人たちにこの良さをどういう風に伝えたらいいだろうかと悩んだこともありました。

だけど、結局は僕らがドキドキわくわくしていれば、きっと近づいてくるでしょう。

島で稲刈りを行う石田先生。農業については島の人に教えられてばかり

鯨本　奄美大島は世界自然遺産にも登録され、観光客や移住者が増えていると思いますが、さまざまな価値観を持った人が集まることを、どう感じていますか？

麓　奄美大島は自然遺産の登録前から、移住される方や商売を始める方が増えていました。稼ぐことは悪いことじゃないんですが、島という共同体のなかで分かち合いの精神にまで着地できるかな？　という懸念はありますね。

鯨本　分かち合いの精神ですか。

麓　自分は島の繁華街でライブハウスやラジオ局とかやっていますが、移住者や島の出身者が奄美料理屋なんかをどんどん開いている流れには、疑問に感じるところもあります。今は観光客が多いけど、減少したときにはおそらく、島の外に出てっちゃうかもしれない。

島の場合、都会のように責任や役目、役割がセパレートされてなくて、みんなで島に足りないことを共有して「不安」とか「手間」を共有しながら、共感性を高めるなかで、絆が生まれている側面もあるんですね。リスクを共有することでポジティブにつながれる。その姿勢にドキドキわくわくしていると思うんです。

鯨本　安心・安全とか便利を追求していると、より良いものを持っている人が良いという論理になりますが、恐怖や不安、手間を共有すると、みんなで何かしようというポジティブな流れが生まれる。地域内でどのくらい共有されているか測れるとしたら、「この地域は手間とか不安がたくさん共有されているから、人々の関係性が強い地域だ」とも言えそうです。

麓　不安を共有してポジティブに変換していく姿勢が尊いんです。そのことをコミュニティの内部から発信したいと普段から考えているのですが、やっぱりどうしても島の外に憧れを抱いてしまい、目立つものだけを目で追いがちになってしまうことが課題だなと思っています。

本当の主人公は、島の内側で島と向き合い、時に煩わしさを抱えながら、そこにとどまっている人。そのことを表現していきたいです。

鯨本　本当に。そんな主人公がいてこそ、多様な地域の暮らしや文化が成り立っているわけですよね。

島の論理にみる洗練された「意気」

鯨本　共同体のなかには、いろんな煩わしさもあるけれども、手間とか不安を共有しながら、支え合える関係がつくられ、結果的に豊かな地域が守られていく。そこに長い時間がかけられてきたことも尊いですよね。経済合理性を重視した流行やブームで一時的に注目されるものとは性質の異なる価値だと感じます。

麓　時折、目に見えるクオリティだけを評価して「もっといい方法がある」「こういう道具がある」とアドバイスされる人を目にします。

悪気はないけど、目に見えるクオリティだけがすべてではないので、「そういうことだったんだね」と分かってもらえるよう、島の論理で説得しないといけないのに、それができる人が島側に少ないんです。

だから、外部からのアドバイスをそのまま踏襲した結果、あまり良くない方向に進んでしまうケースもあるので、感情通訳も含めて、内と外の間のポジションに立つ役割が非常に重要だと思います。

額賀　絶対に必要だと思います。「感情通訳」という表現になるほどと思ったんですけど、島の営みのすべてが論理的なものではないですし、かつ、島で暮らすには感情もとても大事です。

例えば、若い世代と高齢の世代の間もそうだし、観光や調査で島外から来られた方が島に対して抱いている感情とのギャップを埋める作業は、ある程度丁寧にしないといけない部分ですが、どこまで時間をかけるかが難しいです。

石田　前提として、島の論理と都会の論理は違いますよね。だから、どちらかが論理的でないということになるんだけど、往々にして「都会の方が

ビルやマンションが立ち並ぶ都会。風景も論理も島とは大きく異なる

進んでいる」と思っている人がまだまだいらっしゃって、島に押し付けようとすることは確かに多い。

だけど島の論理は、人間が培ってきて江戸の後半に仕上げられた論理で、「意気」という表現に集約されるかもしれません。洗練されたアニミズム型社会の意気だと言えるのです。

鯨本 意気ですか。

石田 意気の要素は大きく4つありますが、僕が一番好きな要素は「敗者をつくらない」ことです。どんな敗者にも復活できる可能性を必ず残す。生き残るための価値観をつくることで競争原理が成立しない、というのが僕は好きですね。他に「自然と和合して生きることを楽しむ」、「足るを知る」や「もったいない」、そして「見立て」という要素があります。

鯨本 いずれもSDGsとも重なりますよね。

石田 競争原理が成立せず、どんな弱者も助ける。それって結局、コミュニティにできることなんです。そんな意気の論理みたいなのが、都会ではなくなってしまっている。

一方的に都会が悪いというわけではないんですけど、意気なことをしなくても「お金さえあれば生きられる」のが問題。都会には消費しかないので、生産する苦痛や苦悩も分からなければ、生産する楽しみも分からない。そういうものをひとつずつ失っていて、逆にしがらみだらけの鎧を着すぎて、身動きが取れなくなって窒息死するんじゃないの？というのが島の論理から見た都会の論理だと感じています。

鯨本 島の論理でみると都会の論理は違和感だらけですね。

麓 島の論理としては、感情コミュニティであるところもおもしろいです。僕が25年前、ライブハウスをつくった時は、最初からみんなが賛同してくれたわけではありませんでした。でも、いつか分かってくれると信じて続けていくと、数年後に再合流できるんです。

もちろんその時々で傷ついた出来事もあるんですけど、何のためにやっているかといえば、やはりみんなが共感を共有できる場をつくるためだったので、ネガティブなことは水に流したり、受け止めたりして、またみんなで共感していく。イベントをするときも、ラジオを始めた時も、その繰り返しでした。

鯨本　都会の論理だと、避けて終わり、二度と会わないと片付けられてしまいそうな状況ですよね。

麓　島のなかでの感情の揺らぎや愛憎は、やっぱりおもしろいんです。だから、いがみあった相手には自分から声をかけに行って、役割を与えたり、主人公になってもらったり、仲間になるということをマネジメントして、気を遣っていきたいですね。

奄美大島のライブハウス「ASIVI」は、皆が「共感を共有する場」となっている

石田　島の人は大人だなぁ。

麓　同じ島で生きているからこそ、これから10年、20年という時間と空間を一緒に過ごしていくんだったら、やっぱり気持ちよく暮らしていきたい。そう思ったときに、最後たどり着くのはやっぱり「愛」ということなんです（笑）

鯨本　たどり着いたのは愛でした、みたいな（笑）

教育と次世代への影響

鯨本　島の未来は今の子どもたちが担うわけですが、未来世代に向けて何か思うことはありますか？

麓　自分が50代になって思うのは、自分たちの世代が過剰に活動しすぎると、若い世代のモチベーションや役目、役割を奪ってしまうかもしれない、ということです。

　若い世代に自律的なモチベーションをどう育むことができるか。全面的にバックアップするとただ便利な相手になってしまうので、コミュニケーションのさじ加減も難しい。僕は音楽やメディアをやってきましたが、次なる課題は教育です。

鯨本　教育の重要性と言う点では、あらゆるコミュニティに当てはまりそうです。男木島で感じる教育面での課題はありますか？

額賀　まさに課題だと思うことは「都会型の教育がいい」と思っている人の価値観と「大人も子どもたちと一緒に育っていきたい」「生きる力を伸ばしたい」という価値観がぶつかることです。

　極端な例を挙げると、「漁師さんの子どもはろくな教育を受けてないんじゃないのか」という雰囲気の誤解や偏見を解くところから始まることもあります。

　「生きる力として何でもつくれるようになる」とか、「自分たちで考えることができるようになる」とか、そういう学びづくりを一緒にやっていきたくても、なんとなくすれ違ってしまうことがありますね。

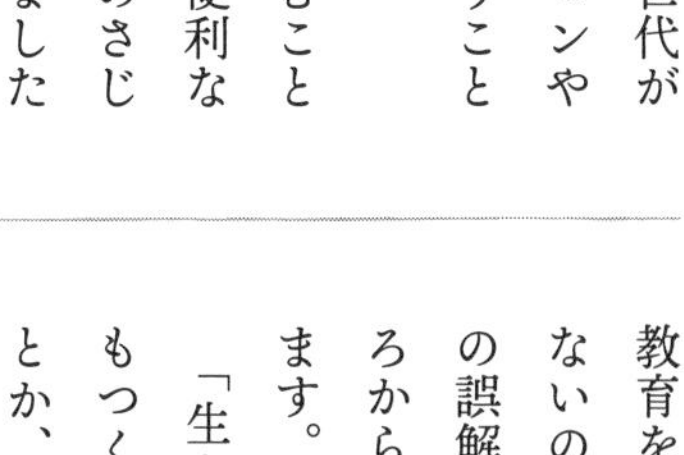

木登りをして遊ぶ島の子どもたち。おおらかな環境の下、生きる力を養っている

鯨本　その違いは、いわゆる認知的能力と非認知的能力と言われるものですよね。

額賀　勉強に対してモチベーションがない状態で詰め込んでも仕方ないと思っています。反対に、モチベーションがあれば自ら勉強していくようになると思うんです。だから基礎学力はもちろん大切ですが、モチベーションの持ち方をどうフォローするかが大事なんじゃないのかなと思っています。

「生きる力」も伸ばす共同体の役割

石田　これからやってくる時代の厳しい制約の中、わくわくドキドキ暮らしていくための構造は、僕たちの研究から大体見えています。それは、「暮らしの中のちょっとした不自由さや不便さを個やコミュニティの知識や知恵、技で埋めていく」ということなんです。

鯨本　なるほど。

石田　そしてそのためには非認知的能力が不可欠です。脳科学的に言うと、「認知」というのは、２５０万年ぐらい前から発達を始めた大脳新皮質《だいのうしんぴしつ》という脳の新しい部分の活動こと。「非認知」は７００万年前に二足歩行をはじめた頃からの古い脳と新しい大脳新皮質とのバトンのやり取りで生まれます。

だから認知教育だけやっていると、計算や暗記など大脳新皮質だけを鍛えることになる。一方で、「手を動かす」とか「考えて行動する」という身体性は、古い脳が司る部分。だから、新しい脳で考え、古い脳で行動を起こすことを繰り返し、そのやり取りが活発になることで、ちょっとした不自由さ不便さなら埋められるようになり、次第に不便さのレベルが上がってもどんどん埋めていけるようになる。この不自由さや不便さは、喜ばしい制約とも言えますね。

つまり、考えて行動するチャンスを与えなきゃいけない。結果だけを与えてはダメなんです。

鯨本　チャンスを与えるとは、島の論理でいう「役割を与える」ことでもありますよね。

石田　考えて行動して、またその結果を考えて行動することによって、古い脳と新しい脳のバトンのやり取りがスムーズになることです。そこで培われる社会性によって、人は相手のことを考え、人に寄り添えるようになってくる。おまけに技も身につく。これからの時代、考えることだけではダメで、行動できなきゃダメなんです。

大学出てから専門学校に行く人がだんだん増えているのも、おそらく今の若者たちが、本能的に知識詰め込み型の学びだけでは、生きていけないだろうと分かってきているからじゃないかな。手に職をつけたい人たちが増えてるのは、ある意味では当然で、そういう価値観が、今、改めて光り輝きはじめているんです。

鯨本 島のような環境には、自分たちで考えて行動しなければいけないシーンが多いので、暮らすだけで最先端の学びが得られる気がします。

石田 だから島では知識の宝庫であるお年寄りが大事にされるんです。ところが認知だけが支配する世界では、お年寄りは邪魔者扱いされてしまう。

額賀 確かに。私たちは今、島の文化を改めて大事にしたいと思っているんです。人口150人中50人が移住者になった今、男木島のアイデンティティって何だろう？と考えると、島の文化やお祭りなど、お年寄りが持っている知識が島を形づくっているんだと感じて、それを受け継いでいくことが、自分たちにとっても大事だと思ったんです。

鯨本 日本列島は広いので、島だけに関わらず気候や産業も地域によってまったく違います。土地土地に伝わる伝統的なものは、何か重要な意味が埋め込まれているはずなので、しっかりと受け継ぐことは、本当に大切だと思います。

石田 沖永良部島を例に挙げると、「日本の文化を創り上げてきた暮らし方の価値」の44要素のうち30要素がまだ残っている地域で、アニミズム型の社会の価値観が生活の中でまだ存在をしている。

多くの人が都会で悩んでいることの多くは、実はそれが欠落した結果です。だから、沖永良部島に来たら癒される。そのことをどんどん発信したいし、島の人たち自身が意識することが重要です。今、島の高校生の75%が島に戻りたいと言います。それを叶えてあげられる環境をみんなで目指していきたいですね。

共感から生まれるコミュニティ

麓　これまで離島地方は、内地に対して劣等感を感じやすい環境にありました。高校卒業すると8〜9割が島の外に出てなかなか帰ってこない。だから人口の循環が課題なのです。

自分も内地に憧れて、一度は島を出た経験者です。だからこそ子どもたちにも、島の人にも、島で暮らすことがかっこいいし、おもしろいと、ラジオというメディアを使って日常的に続けてきました。状況は少しずつ変わっていて、産品をつくるにも、島のものや島の言葉にこだわる人が増えてきました。

島特有の共感欲求の高さってあると思うので、共感をしっかりとつくっていきたいです。それで最後は愛の本質を考え続けながら生きていき、みんなと共感できれば、幸せで豊かに暮らせる。「飛び込んできてください！」という気持ちです（笑）。

鯨本　そう言われると飛び込みたくなりますね（笑）。愛の本質を携えて、コミュニティを導いていく。共同体がしっかりと根付いている島だからこそ響くものや届くものがありそうです。

額賀　私も大阪に住んでいたら図書館を始めようとは思っていませんでした。自分でも思ってもいなかったことができるし、やりたいと思ったことができるのが島だと思うので、移住してきた人たちも、自分で何かを始めやすい環境にあると思います。

最近、男木島に足りなかったものは音楽だと気づいて、島のみんなでバンドを組みました。年齢を超えた挑戦ってどこにいてもできるんですが、島ではそうした活動がより自然にできるということは、伝えていけたらいいなと思います。

麓　奄美大島も振り返ってみると、25年前の方が人口は多かったはずですが、イベントは今よりずっと少なかったんです。今では島の各地で毎週末のように、世代を超えたイベントが開催されているので、環境をつくると人々に意識が芽生えて、世代を問わず表現することの楽しさを見出しているように感じます。

ライブハウスをつくった当初は、ミュージシャンのカバー曲が大半でしたが、今では9割の方がオリジナルソングを歌っています。自分たちの軸ができていることを感じますし、それは新しい島唄がどんどん生まれているということなんですよね。

「島に足りないものは音楽」という気づきからバンドを組んだ男木島の人々

鯨本　文化には、その時代の人たちの意識を次の世代に媒介していく機能がありますが、時代によって変化するところもおもしろいですよね。

麓　もうひとつ言えば音楽にはロック、ソウル、ヒップホップ、レゲエなどのジャンルあって、それぞれにコミュニティができるんですけど、奄美だとジャンルに関係なく友だちがやってる音楽を聴きに行くんです。ジャンルじゃなく、友達本人に興味があるから見に行って、一緒に楽しむという共感の構図はおもしろいなと思います。

石田　イベント好きですよね。娯楽がどんどん入ってくるわけじゃないので、昔からのものを大事に娯楽に昇華させている。そういうすごさもありますね。

鯨本　今だとスマホやオンラインでつながれるので、島の子どもたちでも携帯やゲームに没頭しちゃったりする光景も見かけますが、音楽のように身体を使って体感できる楽しみがあると良いですよね。

石田　沖永良部島の子どもたちも、ゲームをする一方で、エイサー部に入って、いくつもの敬老会を掛け持ちでまわって演舞していたりするんです。そういう両立性があるのが島の現在かもしれないですね。自然のなかに暮らすことで、本人たちが意識せずとも身体性と五感が培われているんだと思います。

額賀　私の思う持続可能な未来が正解かは分かりませんが、やっぱりこの島を好きな人が多いといいなという、シンプルなところにたどり着いている気がします。

高校生も参加する沖永良部島のエイサーグループの活動風景

石田　持続可能な社会をつくるなら、今の0・4の環境負荷で、豊かに暮らしていかなければなりません。そこで僕は今年、「ひとつの地球で暮らせる社会」を描く研究所をつくり、新しい暮らし方を数字で表しながら、その原点が島にあることを証明して、堂々と発信したいと思っています。持続可能な暮らし方のヒントは、間違いなく島にあるんです。

写真提供：額賀順子（135下段、138、153ページ）、あまみエフエム（140、148ページ）、
酔庵塾（144ページ）、瀬島奈緒美（154ページ）

DIALOGUE 3

愛しい風景をつくり、守るには

自らのコミュニティで心豊かに暮らしていくには

そこに「愛しい」と感じられる風景があってほしいものです。

しかしながら、人口減少や経済合理性、制度の壁などにより、

放っておけばどんどん変わってしまう日本の風景。

愛しい風景をつくり、守るにはどうすればよいか?

イタリア中部のうつくしい町で、

豊かな暮らしのあり方をみつめてきた建築家の井口勝文さんと

3島の担い手が、その方法について語りました。

井口勝文（いのくち・よしふみ）

1941年福岡県朝倉市生まれ。九州大学建築学科卒。フィレンツェ大学に研究留学。竹中工務店等で都市開発に従事。2000年より京都造形芸術大学教授。日本都市計画学会功績賞。イタリア・メルカテッロ名誉市民。著書に「イタリアの小さな町 暮らしと風景ー地方が元気になるまちづくり」（水曜社）等

山下賢太（やました・けんた）

鹿児島県・甑島生まれ。京都造形芸術大学卒業。2010年にUターンし、東シナ海の小さな島ブランド株式会社や、島の空き家再生を担う島守株式会社などを創業。鹿児島離島の地域課題を価値に変える鹿児島離島文化経済圏のプロデュースなどに尽力。「2022年度ふるさとづくり大賞」内閣総理大臣賞受賞。二児の父

有川智子（ありかわ・ともこ）

1981年五島列島・福江島生まれ。九州大卒業後、積水ハウス総合住宅研究所勤務。2011年に五島市にて草草社を設立。地域デザイナーとして活動。グラフィックデザインだけでなく「伝統工法の小さな家」や、コミュニティカフェ「ソトノマ」、宿や学童施設などを手掛け、集落景観や暮らしをデザインしている。二児の母

黒島慶子（くろしま・けいこ）

香川県・小豆島生まれ。京都造形芸術大学卒業。20歳の頃から全国の醤油蔵を訪ね歩き、醤油ソムリエール及び醤油官能検査員や、Webとグラフィックのデザイナーとして活動。現在は一児の母として、パートナーの地元である愛知県・幡豆との二拠点生活を送る。著書は高橋万太郎と共著『醤油本』（(玄光社)

大都市中心主義とクオリティオブライフ

有川　愛着ある風景が身近にあることは幸せなことだと思いますが、放っておくとどんどん変わっていってしまいます。愛着ある風景をつくり、守るにはどうすれば良いか、そのヒントを皆さんで話したいです。

井口　私は福岡県朝倉市で生まれ育ちました。当時は気づかなかったけれど、桃源郷《とうげんきょう》のような素晴らしい風景がある小さな田舎の村で育った経験は、私の原体験になっています。

けれど、そんな風景をみていたにもかかわらず、大学卒業後は大手建設会社でずっと大規模な都市開発の仕事に携わりました。言ってみれば「へき地」や「地方」を増やす要因となる、大都市中心主義の日本をつくるために一生懸命がんばっていたわけで、いつも「なにか違うのではないか?」という違和感を感じながら過ごしていました。

有川　井口さんはイタリアにもお住まいですが、イタリアに目を向けられたのはなぜでしょう。

井口　1年の半分を「イタリアの最も美しい村」に上げられているメルカテッロという町に住んでいます。学生時代に建築や都市の原点はイタリアに在るということを知りました。仕事は楽しかったのですが、そのうちに日本の都市の在り方に疑問を感じるようになって、答えを探しにイタリアに行きました。

すると目からウロコ。僕の原体験にあったふるさとの風景こそが、実はとても大事なものだったと痛感したのです。その思いは日本に帰ってからの仕事で大切にしてきました。そして20年ほど前に会社を辞め、中部イタリアのメルカテッロで廃屋同然だった古い家を買って修復し、1年の半分はイタリアに住んでいます。

山下くんは私の教え子でもありますが、その当時は京都造形芸術大学の教授をしながら、イタリアで改めて都市デザインの何たるかを考えていました。なぜ建築が大切なのか?　都市が美しいとはどういうことか？豊かな暮らしとは何か？という問いを繰り返していました。
　自分自身の反省もふまえると、日本ではとにかく便利な街をつくり、お金がどんどんまわる仕組みをつくることを目的に都市をつくっていました、今もそうですけど。そして一番大事にしなければならない「暮らしの豊かさ（クオリティオブライフ）とは何か」の問いかけを置き去りにした結果、地方の衰退、そして都市の荒廃を招いてしまったのです。

有川　五島《ごとう》も人口減少が続いており、将来的に日本全体の人口も８０００万人くらいになるかもしれないと言われています。

井口　日本は大都市に人口が集中していて、もともと

井口さんが1年の半分以上を過ごすというイタリア・メルカテッロの風景

地方の人口が少ないですから、それに追い打ちをかける地方の都市や離島の人口減少は大きな問題ですね。その点、イタリアは小さな町や村の集まりでできている国で、日本で限界集落と言われるような小さな町がごく普通にあるのです。
　例えば、日本の基礎自治体である市町村は今、約１７５０ありますが、日本の半分の人口のイタリアには約８０００の市町村があります。一基礎自治体当たりの人口は日本の9万人に対し、イタリアは９０００人です。人口が５０００人未満の市町村に住む人が日本ではほとんどゼロ（０・３６％）ですが、イタリアでは国全体の18％います。山下くんが住む甑島《こしきしま》の人口は今、どれくらいですか？

山下　約３８００人です。

井口　黒島さんが住む小豆島《しょうどしま》が大体2万５０００人。有川さんの住む五島市が3万４０００人で、ゆくゆくは2万人になると予想されていますね。イタリアで

は2万人未満の市町村に住む人の割合は、全国民の48%です。全人口のほぼ半分が小豆島や五島市並みかそれよりも小さな市町村に住んでいるのです。一方、日本は2万人以下の市町村に住む人の割合はわずか6%です。

山下　島のように小さな村が集まってできているのがイタリアという国だと。

井口　それでいて先進工業国G7に入る、非常に豊かな国です。実はヨーロッパは全体として、小さな自治体でできている国ばかり。ヨーロッパは豊かですが、それは選ばれた大都市だけでなく、多くの小さな町や村の暮らしが豊かなのです。

日本では見過ごされがちな小規模市町村の豊かさは、ヨーロッパではむしろ当たり前なのです。だから小さな町や村にセカンドハウスを持ったり、ヴァカンスで長期滞在したり、故郷の家を大事に守ったりするのです。そのような豊かさは日本の地方や離島にも在るはずです。

人の営みが生み出す豊かな風景

山下　イタリアでは2001年に最も美しい村協会が設立されていて、僕は大学時代にそのことを調べていました。美しい村になれる第一条件は人口1万5000人以下の自治体で、歴史地区では2000人以下であること。日本では「小さいこと」がよくないという無意識の教育を受けてきたと感じていて、けれど、世界で見ると小さな島や小さな村は「美しい村の前提条件」なんだと知って、ものすごく背中を押されました。

井口　確かにその通りですね。

山下　だから僕が経営している「東シナ海の小さな島ブランド株式会社」にも「小さな島」というメッセー

ジを込めています。近代の日本に根付いている、大きな街をつくって、都市をどんどん開発していこうという拡大思考のあり方ではない、小さな島や小さな村から日本の島を元気にしていけるようなヒントがあるんじゃないかと思って活動を始めたのです。

有川　保存地区のような指定をされている地域は別として、美しい風景が残りやすい場所は、規模の小さな地域や、離島のように人が行きにくい場所に多く残っている気がします。それでも状況に左右されると、いとも簡単に変わってしまいますよね。

山下　甑島にも失われつつある風景が多くありますが、農家や漁業者のような1次産業の従事者が、島にある環境を生かしながら田畑を耕し、海に出かけているその風景が美しいなと思います。働いている姿はもちろんカッコ良いけど、休んでいる風景も絵になる。例えば、港にある大きな木の下で、麦わら帽子をかぶった漁師さんたちが上半身裸でラジオを聞きながら、黙々と網を繕っている風景。その隣で奥さんたちが魚を干している……。そういう瞬間に、土地の豊かさを感じます。

井口　非常に大事なポイントですね。その地域に住んでいる人も、観光客でも、一番心に残るのはその土地の暮らしの風景ですよね。そして「ちょっと休む風景」があることは、風景をつくる上でものすごく大事なことです。残念なことに、それが日本の風景に一番欠けていることでもあります。

黒島　小豆島は離島ではめずらしく、江戸時代から続くような歴史のある醤油屋さんが多くあります。私はそんな「醤《ひしお》の郷《さと》」と言われるエリアで暮らしているのですが、立ち込める醤油の香りだけで

「醤の郷」といわれる小豆島には今もたくさんの醤油蔵が立ち並んでいる

ご飯がすすむような、古い町並みを美しいと感じています。

お醤油屋さん同士はとても仲が良くて、機械が壊れたり、怪我をしたとなれば、いろんな蔵元の人が何も言わなくても手伝いに来たり、普段からよく情報交換されていたり。一般的な業界のイメージではありえないようなそんな風景が、島のあちこちにあるのもいいなと思っています。

有川　五島をグーグルマップや飛行機から見ると、田んぼや畑が虫食いのように有機的な形状で広がっているのが分かるんです。全国の農地の多くは耕地整理をして、田んぼや畑を四角く効率よく耕せるようになっていますが、五島では「円畑《まるはた》」という土地なりにつくられてきた田畑がみられます。

五島列島・福江島の風景をつくる円形の田畑「円畑（まるはた）」

黒島　それもまた五島ならではの風景ですね。

有川　田畑のまわりを防風林のように椿の木で囲んで農作物を育てたり、牛馬で丸く梳いたり、土地なりの形なので効率は悪いんですが、今もたくさん残っている丸畑は、五島ならではの風景をつくり出しているひとつだと感じています。

経済的に考えると、四角い畑のほうが効率的で、時間もかからない。農家の方には違った見方もあるとは思いますが、歴史と風土の成り立ちが景観として維持され、今も感じられることは、豊かなことだと感じています。

井口　昔の畑の形が残っているのは、本当に素晴らしいです。僕の田舎は変わってしまいました。幼い頃に僕が川だと思っていた用水路も、今はなくなって平べったいだけの田んぼになってしまいました。経済的な豊かさを保証するためにつくられたものであっても、愛着のある風景がなくなることは本当に寂しいものです。

土着の文化が風景を守る

有川　愛着ある風景を守るために、島の皆さんがされていらっしゃることはありますか?

黒島　木桶《きおけ》仕込みのお醤油を造るヤマロク醤油さんは、醤油業界で最も注目を浴びています。木桶仕込みの醤油は、国内で製造されるお醤油の1%まで減少していました。けれどもある種、非効率な方法でつくられる伝統的なお醤油には、その方法でしか醸し出せないおいしさがあり、そこに価値がある。そこで、木桶仕込み醤油をのこすために、造り手がいなくなっていた「木桶」をつくる技術を受け継ぐ活動もされています。

木桶づくりも継承し、伝統的な木桶仕込み醤油を後世につなぐヤマロク醤油

価値があっても非効率なものを未来にのこすには、単に美しいだけでは続けられません。自分たちの価値を示して、未来の子どもたちが継ぎたくなるくらい魅力的で、美しいと感じられる仕事ができるといいですよね。

共感の創造が持続可能な暮らしの原動力

山下　僕自身も、甑島でふるさとの風景を失ってきたことを原動力に、いろんな事業を始めてきました。やっぱり、想いだけでは守れないものがあるんです。

黒島　美しさだけでは守れないし、続かないですね。

山下　地域内外の小さな経済と結びつきながら、持続可能でもあらねばならないということも、ずっと頭の中にあります。甑島にUターンして14年で、17の事業を立ち上げてきました。それぞれに「大きくしない」という制限を設けながら、小商いを増やしています。

有川　古民家を生かした店舗づくりもすてきです。

山下　古民家の再生だけでいえば、これまでに10軒くらい手がけました。家単体ではなく、「まちを再生する」という周辺のエリアへの意識をもって古民家を生かしたり、公共施設や遊休施設に新しい価値を与えたりしながら、島の風景をつくってきました。

甑島には、海岸の丸い石を使った「玉石垣《たまいしがき》」という石垣があちこちにあります。甑島の風景をつくっている玉石垣も、かつては対外的な評価を受けておらず、景観保全の指定が進んでいなかったので、私は大学3年生の時に再生活動を始めました。

3年間かけて、約35メートルほど再生できましたが、個人所有の土地にある石垣なので、どうしても公的サポートが受けにくかった。空き家も、玉石垣も、地域をかたちづくる景観の一部としてある限りは、それを守ることも公共の福祉なんじゃないか？と僕自身は考えています。

井口　日本ではまだまだそうした制度も整っていないですね。学生時代の山下君の玉石垣の再生活動は僕も憶えています。お祖父さんに指導してもらったんじゃないですか。島の思いがこもった石垣ですね。

甑島の玉石垣。島ならではの丸いかたちの石と技術によりつくられる貴重な風景

山下　個人の所有物だから、個人で再生するのが当たり前。けれども、それでは愛着ある風景を守ることが難しいので、事業を起こしてその利益を島に再投資する。そうして、空き家や玉石垣の再生を続けてきました。

ここだけの話ですが、甑島の玉石垣は国交省が企画する「島の宝百景」にも選出されていますが、その昔、

匿名で応募したのは僕です（笑）

一同　（笑）

有川　私は普段、デザインの仕事をしています。歳を重ねたときに、自分も、自分じゃない誰かも、楽しくこの場所で老後の暮らしを楽しんでほしいという目標が原動力なので、自分ひとりだけが豊かになっても、まわりに誰もいなくなっていたらまったく楽しくない。だから、将来、茶飲み友だちが徒歩圏内にいるとか、そういう状態を目標に活動しています。

井口　何か行っていることはありますか？

有川　自宅は伝統工法で建てました。基礎を掘った土で壁を塗って、五島の山で採ってきた竹で、壁の中の竹小舞《たけこまい》を編み、五島の大工さんも、左官さんも「40年ぶりにやったよ」という方法で家をつくり、隣にあった築100年の古民家を宿にして、いろんな人に集落の暮らしを体験してもらえるように解放しています。特別なものはそんなにない、本当に素朴な暮らしなんですけど……。

黒島　島にあるものを生かして、土に還っていくような家をつくるのは理想的ですよね。

有川　本当に。島で朽ち果てても違和感のないようなもので暮らしをつくっていって、それも楽しそうに見えたなら、それを良いと思ってくれる人が、島に移住したり、子どもを産んだりしてくれる。そんな共感できる仲間が増えていったらいいなと思っています。

黒島　とても共感します。有川さんは学童もつくられて、子どもたちがいつでも走りまわれるような環境を着々と整えられていて、すごいです。

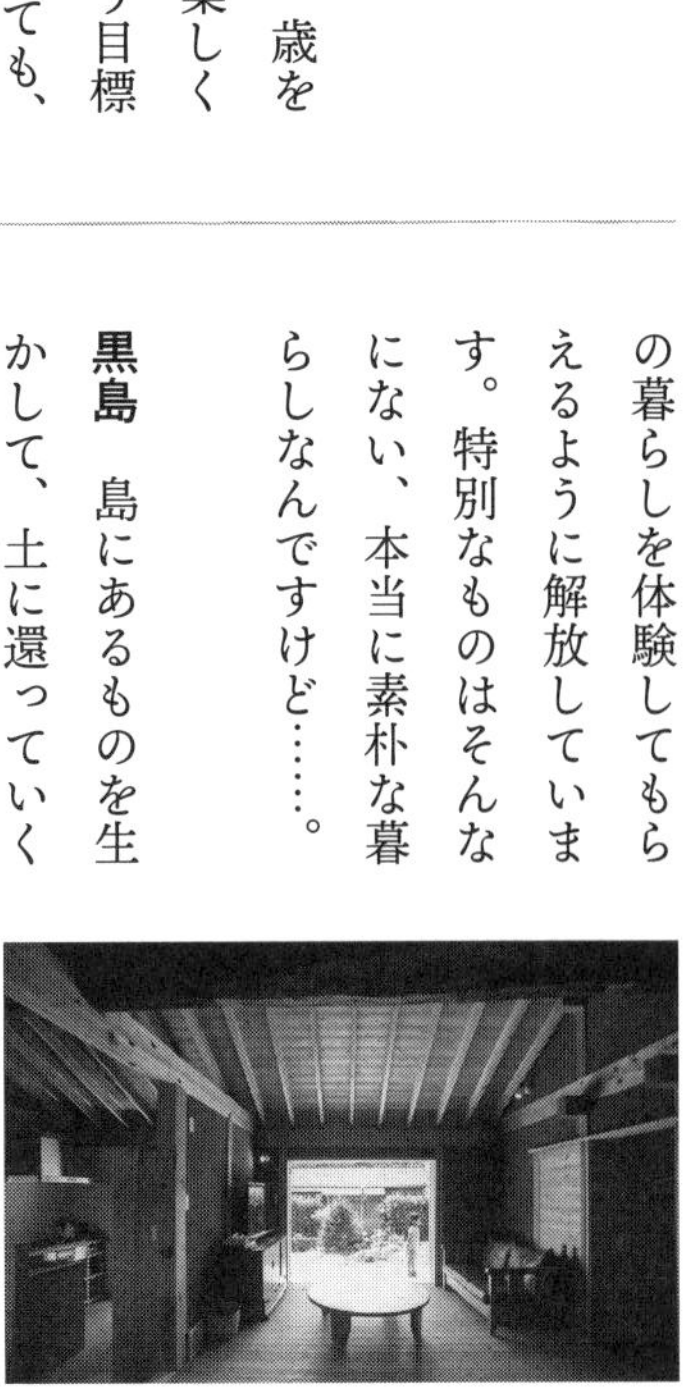

有川さんの自宅は、島の竹や土をつかい壁を塗る伝統工法で建築された

山下　コロナ禍では、島外に気軽に出られなくなりましたよね。それまでは、島の中から外にものを届けよう、情報を伝えようと一生懸命だったけど、閉ざされてしまった状況では、やっぱり足元にある島の暮らしを楽しむしかないんだと考えを改めました。

　自分たちにとって当たり前にあるものを楽しもう。そう思いながら、例えば、じいちゃんやばあちゃんが畑で仕事をしている風景だったり、押し車を押して買い物に行ったり、病院に行ったり、墓参りに行ったりしている風景をみつめていると、皆さんの行動パターンがみえてくるんですよね。

井口　小さなコミュニティならではの風景ですね。

山下　大体の人が半径４００メートルくらいの範囲で、家と畑の往復とか、家とお店の往復をしている。今の自分は、自転車や車でいろんな場所に行けるけど、歳をとったら自分も半径４００メートルの中で暮らしていくことになることに気づかされ、だったらこの半径４００メートルをどうすれば豊かにできるんだろう？と意識し始めました。

山下さんが暮らす集落の風景。道沿いには腰を下ろせるベンチを設置

柔軟な制度と法律で古いものを守る

有川　井口先生、イタリアではどのように愛着ある風景を守っているのでしょうか？

井口　当たり前のこととして、制度や法律で守り、支えています。しかしこれは、多くの人がその必要性を理解しているからできること。イタリアの人々は、自分たちの歴史をとても尊敬しています。だから古い物を大事にします。自然も街並みも、古い物を壊すのに凄く慎重です。そんな価値観が制度や法律になっています。制度や法律があるから風景が守られると我々は考えがちですが、その逆です。人々の価値観が制度や法律になっているのです。

有川 なるほど。

井口 日本人は、何かを新しくすると「きれいになったね」と言います。イタリア人は、古いものを見て「美しいね」と言います。それも、形だけじゃない。日本の伝統的建造物群保存地区は様式保存なので、古い様式に従っていれば、新しい建物でも伝統的建造物の保存になりますが、イタリアはそうでない。モノそのものが古いことが大切なんです。

黒島 大きな違いですね。

井口 イタリアでは建物でも風景でも保存再生事業となれば、補助金が出たり減税の対象になったりします。なぜ古いものを大事にするかというと、畑の風景、山の風景、昔の懐かしい風景が「美しい」という感覚があるからです。「我々の文化と風景を守る」という言葉が憲法に明記されています。文化と風景を守ることが、法律の最上位にあるんです。

山下 日本でも地域によっては「住民憲章」をつくっているところもあって、そんな風に地域住民の努力でできることもあるのかなと思っています。

有川 イタリアの人は古いものに価値があることを認識されているそうですが、日本に暮らす私たちのまわりの集落で難しいと感じるのは、生まれ育った地域よりも、都会的なものに憧れを抱き、なんでもピカピカにしたり、便利にしたいという意識を持っていることだと思います。

そこで法律や制度をつくれるわけじゃない私にできることは、とにかく褒め続ける。「この石垣は本当に美しい」とか、「この家はかっこいい」とか。いろんなところで言い続けています（笑）

井口　賛成です。とにかく自慢しましょう(笑)。そうすると関心を持ってくれるし、本当に外から褒めてくれるようになるし、地域の人も「そうだったのか」と思い始めます。インターネットでどんどん発信しましょう。それも格好よくやるのが大事。皆さんはデザイナーだからそれができている。そこが素晴らしいです。メルカテッロでは町のボランティアチームがYouTubeで地域を自慢しています。

黒島　木桶仕込み醤油を造る蔵元も、最初は「木桶仕込み」「国産丸大豆使用」くらいでしか、その価値を伝えられていなかったんです。けれど全国規模でみれば小豆島以外にもいっぱいある。そこで蔵元同士がつながれると、「木桶」や「国産」以上に大切となる、その蔵独自のおもしろい一面を発見していけるので、視野を広げることも大切だなと思います。

有川　違いを言語化することも大事ですよね。

山下　例えば、サンゴの石垣と玉石垣の質の違いなら、性質の違いや積み方、なぜサンゴだったのか？　なぜレンガではなく石だったのか？　など。それを表層的に真似することには意味がないと僕は思っています。

石垣ひとつでも、その地域の政治や経済、貿易とか、歴史的な背景と結びついていることが、素材の違いから見えてくるということが大事だと思います。

沖縄の赤瓦や、甑島の玉石垣は地元の人にとっては当たり前すぎて、その意味をいちいち考えないわけですよね。でも、そこを改めて教えてくれる地域があったり、教育があったり、先輩たちがいると、自慢したくなるようになるのかもしれません。

蔵元同士がつながる小豆島の風景

黒島　だからこそ他とつながることも大事ですね。

郷土愛こそが風景を守る

山下 法律や制度は真似しづらいとしても、イタリアの人が持っている価値観とか、大事にしてることで、僕たち日本人でも参考にしやすいものはありますか？

井口 まず、自分が美しいと思うこと。自分の町や村の美しさやパワーを意識すること。自分がいかに素晴らしいところに住んでいて、歴史的な背景を持っているかということを意識することが、ベースですね。それがわかると、郷土愛が深まってきます。

そして、屋外の暮らしの楽しみを知ることです。夏の暑さやプライバシー保護の観点から、日本の町や村は屋内中心の暮らしになっていて、これが風景を貧しくしている原因の一つだと思います。風景とは、自然・町・人の3つが目に見えることが大事です。そしてそれが外から見えないと風景そのものが成り立ちません。

もうひとつ大事なのは、地元第一主義。地域の文化を守ること。地域の文化や、地域の食を楽しむおいしい風景を守ることが結果的に、愛着のある風景を残すことにも繋がるのです。良く知られている「スローフード」は、マクドナルドの出現に対抗してイタリアの食文化を守る運動から始まったものです。ナショナルチェーンの店や外部の資本、よそ者のデザインに頼ると愛着のある風景が壊されます。

山下 実は、僕らの会社も「おいしい風景」を守りたいと、耕作放棄地の再生からはじまったんです。食べ物が生まれる現場が無視されがちな世界に違和感を感じていて、安さとか誰かが決めた良し悪しに値段がついており、つくる人や、つくれる土地特有の環境があってこそ生まれている食べ物が、地

イタリアで大事にされている屋外の暮らしの楽しみと「おいしい風景」

域外に流通されるなかで「規格」というものさしによっておかしくなってきた。

五島の円畑のような、その土地に根付いた美しさとは違い、土地改良によって真っ直ぐな田畑が増え、生産効率の悪い場所は見捨てられる。特に離島地域は流通コストも高く、一次産業の生産地としては取り残されてきたようにも思います。

僕は、以前、京都に5年間暮らしていたのですが、例えば京都の町家で庭を眺めながら食事をいただくとき、食材の素晴らしさだけでなく、庭の木々や器の美しさとか、空間の光と影などが複合的に絡みあうような時間もあります。そこで、その食卓の先にある風景をイメージしてみると、味の数値とかコンテストの表彰だけでなく、食べ物が育った土地の風景と、そこで暮らす人々の日常につながっていたことを感じました。

食べ物と風景のつながり、島に生きる人々の関係性を取り戻したいと思い、まずは自ら、耕作放棄地を再生してお米作りをはじめました。

けれども、今日植えて明日収穫できるわけではありません。どんなに早くても10カ月はかかるプロセスの中にこそ、村で生きていく本質があることを伝えたいと思って、これまで商品やサービスをつくってきたことを思い出しました。

有川　五島はさつまいもの栽培が盛んですが、栽培して収穫した芋をスライスしてゆがいて、冬の寒風のなか「かんころ棚」に干して、干し上げた芋と餅米で「かんころ餅」という郷土菓子をつくっています。おいしいものを食べるために一生懸命、畑を耕して、栽培して、手間をかけてつくっていく、その一連の食欲が、おいしい風景を美しく保つということは、やっぱり人間にしかできない技ですよね。

さつまいも畑のまわりに植わっている椿の木になっ

甑島で復活させた米作りの風景

た実から油を取って、美容に使ったり、天ぷらを揚げたり料理に使ったり。地域の暮らしと風景がすべて密接に絡んでいることを、今でも目の当たりにできることは、すごく幸せなことだなと思います。風景と食の結びつきが地域のアイデンティティとなり、風景と文化を守るカギになっています。

小さなコミュニティの自治が法を変える

井口　そういう場所をできるだけたくさんつくると、良い風景になりますね。加えて、外で暮らすしつらえができると、ゆとりのあるクオリティオブライフが実現する。みんなピクニックが好きなように、外で食べる楽しさは特別なんです。食べる人もそれを見る人もなんだか幸せになる。外で食べる風景ほど心がなごむ、そして楽しい風景は他にありません。たまには縁側を開けてそこに座って外を見ながらおやつを食べるとか、レストランやカフェはできるだけ店先やテラスに席をつくるとか、道路沿いや見晴らしのいい空き地には背もたれがあってゆっくり座れるベンチやテーブルを置くとか、そんな風景をつくりたいですね。それも土地に合った格好良いものに。皆さん、デザイナーの出番です。

山下　そこでやっぱり困るのは、今の日本の都市計画やまちづくりは「ここは誰の土地」「責任は誰にあるか」という部分が明確に線引きされていることです。集落内には影もなければベンチもなくて、昔は木の下があったけど今はそれさえもない。だからバス停や広っぱがありそうなところに「ベンチを置かせてほしい」と行政に話をしたら「それは誰が管理するんだ」と言われてしまう。「とにかく自分たちが毎日管理する」といって置かせてもらっているんですけど、いつもそうしたところに葛藤が生まれます。

有川　小さなコミュニティの合意形成からスタートして、法律が割と柔軟に解釈されて、自由ですてきな風景がつくられている地域を見かけるので、負けずに頑張りたいですね。

私が集落に学童をつくったときも、それまで学童がないところから立ち上げるのが一番難しく、学区の全家庭にアンケートを送って必要という意見を揃えて行政に行き、そこから動きだした経緯がありました。

まずは、みんなが持っている小さな声を集めることが大事で、そこが始まりだと思います。町内会だったり、自治会だったり、何かの組織だったりすると思いますが、住民の合意形成など、声をまとめることで変えていけることは、まだまだあるように思います。

地元資産を活用した公共工事を

黒島　山下さんはいろんな事業で空き家などの再生も行っていますが、地域再生に取り組む資金はどのように工面されていますか？

山下　ここ1～2年で扱っている物件に関しては、補助金は1円も入っていません。大幅な改修をやってないというのもあるんですけど、手弁当で草を払ったり、掃除をしたり、軽微な補修をしながら次の事業を企てたりしています。どちらかというと、家を守ることに取り組んでいます。

採算が合うのか？　みたいな話はどの時間軸で見るかだと思うんです。単年度で回収しようと思うと無理がある。そこで5年、10年、30年かけて回収するのか、思い切って100年後に回収するんだという視点でやるのか。ひとつの建物だけで町が再生するとも思わないし、数を増やすことで最終的なゴールに近づいていくものなので、短期的に儲かるかどうかでいえば、やっぱり苦しいです。

けれど、そのために小さな小商いとして、豆腐屋をしたり、パン屋をしたり、宿をしたり、レストランをしたりしながら、事業の利益を町に再投資して、次世代のためにここにある宝物を残していく。

企業として、最低限の利益を確保しながら、それを町に再投資する。次の世代は、その家や町を活用して、次の時代の苦労をしてもらいたいというのが僕の願いです。だから、短期的にいえば、僕は今、苦しんでいます（笑）

甑島で再生した古民家のひとつは、島の人々に愛されるパン屋として営業中

黒島 小さな小商いを自立させながら、愛着ある風景をつくり、次の島の子どもたちに渡していくことを目標に、日々活動なさっているんですね。

有川 どんな島に生きていきたいかといえば、子どもたちが帰ってこれるような島で生きていきたいわけですよね。

山下 ですね。美しい町並みを形式的に残すのではなく、しっかりそこに暮らしがあって経済がまわる仕組みをつくること。お金だけじゃなくて、人と人の交流も、屋外での暮らしもちゃんとその中で循環していくことが大事だと今日、改めて思いました。

それともう一つ、これからの日本に期待するという意味で、公共工事の入札や制度の改善が必要だと思っています。地域経済や地元資産の活用を促進する方針を採り、地域社会が公共工事に参加し、地元での雇用を増やす取り組みが重要だと思うんです。

今は、安く入札の票を入れたところが獲得するみたいな制度ですが、もう少しローカルに、日本全国が同じ物差しで公共性を図られるのではなく、それぞれの地域にとって大事な公共性を考えてみること。その上で公共事業を発注する。

例えば、「甑島のこの道をつくるなら、この山から土を切り出そう」という計画をあえて公共事業としてやっていく。お金も時間も労力もかかるけれど、それが地域の財産になるわけです。

民間だけではできない部分もあるので、実験的にでも島から制度のあり方を見直して、これからの風景をつくっていけたらいいな……と、制度の壁にぶつかりながら感じました。

井口　その話しはとても重要な指摘だと思います。地方の公共工事は単純な入札ではなく、できるだけ地元で賄う事業にすべきだと思います。

メルカテッロの道路や公園の工事は町の職人や建設会社が地元の資材や材料を使ってやっています。だから既製品を置くのではなく木製の柵やベンチが多いです。メンテナンスが必要ですが、それも地元の仕事になります。手間のかかる分高くつくかもしれませんが、かかったお金は外に出ていくのではなく地元でぐるぐる回るのですから、地元の経済が潤います。

地域経済の活性化、地方創生を言うのであれば、国や県はそのような公共工事の発注を先ずやって欲しいものです。そのような発想の転換は国には期待できないので、甑島や五島、小豆島のような離島からの発想で日本の在り方を変えていくしかないと思います。

有川　愛着ある風景は、つくるにも、守るにも、時間軸は長くなりますが、地域にとって大きな財産となるとても大きな課題なのでじっくり取り組んでいきたいですよね。

井口　壊しては造るスクラップアンドビルドを未だに日本の都市は続けていますが、ヨーロッパは半世紀前にそのことを止めています。古い物を大切に使いながら新しいものを積み重ねていくストックのまちづくりです。日本は経済成長至上主義ですが、ヨーロッパはクオリティオブライフを優先して経済成長を管理しているのです。経済成長に頼らずに暮らしの質を守ることは小さな島や町や村に、共通する課題です。

私は皆さんの話を聞きながら小さな島にこれからの日本を変えていく希望があると感じました。私たちは本当の豊かさとは何かを知っています。私たちの暮らしを見て良く考えろと、日本中に自慢しましょう。

写真提供：井口勝文（157、167ページ）、山下賢太（162、168、171ページ）
有川智子（160、163ページ）、黒島慶子（159、161、166ページ）

WORK SHEET ❹

あなたと社会と地球の理想とは

20年後の未来を想像し、あなたとあなたの身近な社会と地球が20年後も豊かであるために、今からできることを書き出してみましょう。

1 あなたが20年後も豊かであるために、今からできることは？

2 あなたの身近な社会が20年後も豊かであるために、今からできることは？

3 地球が20年後も豊かであるために、今からできることは？

あなたとシマと地球の20年後を豊かに迎えられるよう、より具体的なヒントにふれたい人は日本の島々へ学びにお出かけください。課題も魅力も可能性も詰まった島々には、あなたの世界をかえるヒントが隠れています。

DATA

学びの島々へ
有人離島一覧

島国・日本には、歴史文化や生活環境の異なるさまざまな島があります。

人の営みがある有人離島には、人と人が支え合うすべや、自然と共生する知恵、

複雑な社会課題を「小さな規模」から紐解く事例が、

さまざまなかたちで存在しています。

心豊かに生きるための思考やすべが学べる、有人離島に出かけてみませんか?

- 注意 -

特に人口の少ない島では、来島者の受け入れを行っていない場合があります。
おたずねの際には、島の観光窓口や所轄の市町村にお問い合わせのうえ、
住民生活に十分配慮いただけますようお願いいたします。

どの島に学ぶ?
全国の有人離島マップ

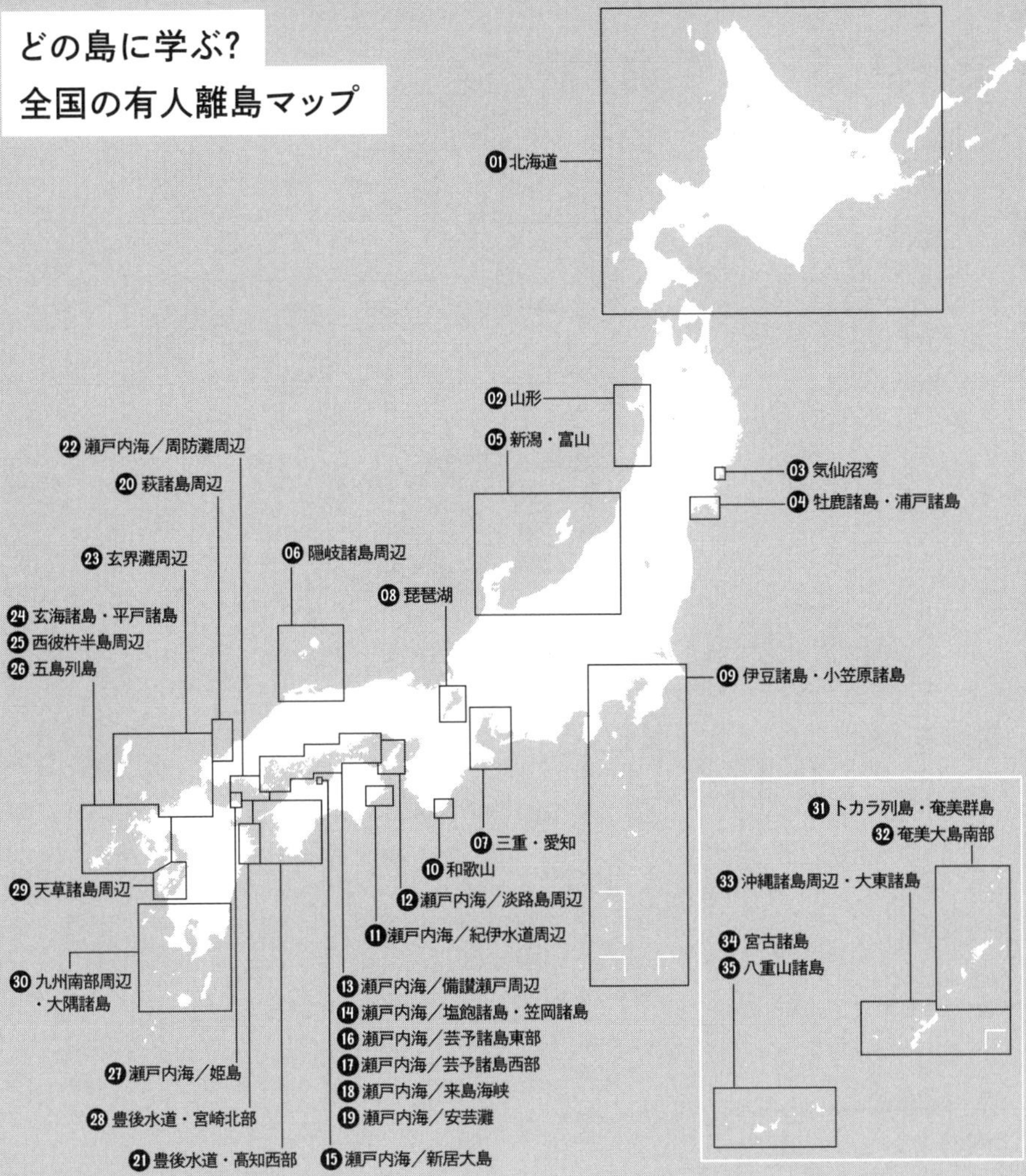

<このデータについて>

離島振興法・小笠原諸島振興開発特別措置法・奄美群島振興開発特別措置法・沖縄振興特別措置法の対象離島および、本土との常時交通が確保された一部の島を対象に、令和2年の国勢調査、各市町村の住民基本台帳に基づく町丁・字または行政区別人口データ、『離島統計年報』『SHIMADAS』（公益財団法人日本離島センター発行）掲載の人口データを収集し、離島経済新聞社の独自調査と併せて算出。

<産業区分について>

農：第1次産業のうち、農業・林業の合計

漁：第1次産業のうち、漁業

二：第2次産業のうち（鉱業・建設業・製造業）

三：第3次産業のうち（電気・ガス・水道・運輸・通信・小売・卸売・飲食・金融・保険・不動産・サービス・公務・その他の産業）

※人口および人口密度…データの算出が不可能な地域は[-]で表記

※人口構成…四捨五入の結果、1%に満たないものは「0%」、該当する年齢層がいない場合は[-]で表記。人口総数には「年齢不詳」を含むため、合計が100%にならない場合があります

※産業構成…四捨五入の結果、1%に満たないものは「0%」、該当する産業就業者がいない場合は[-]で表記。就業者総数には「分類不能」を含むため、合計が100%にならない場合があります

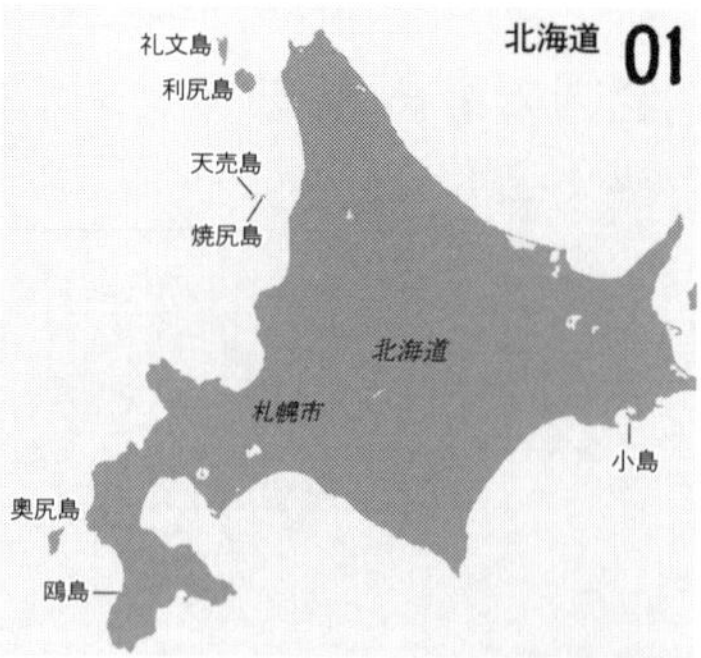

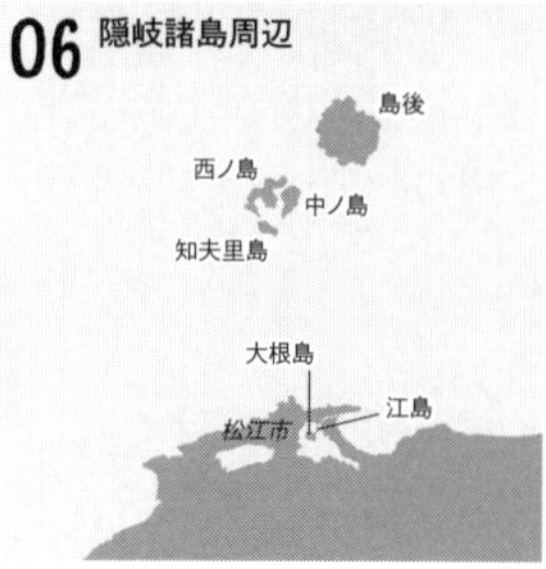

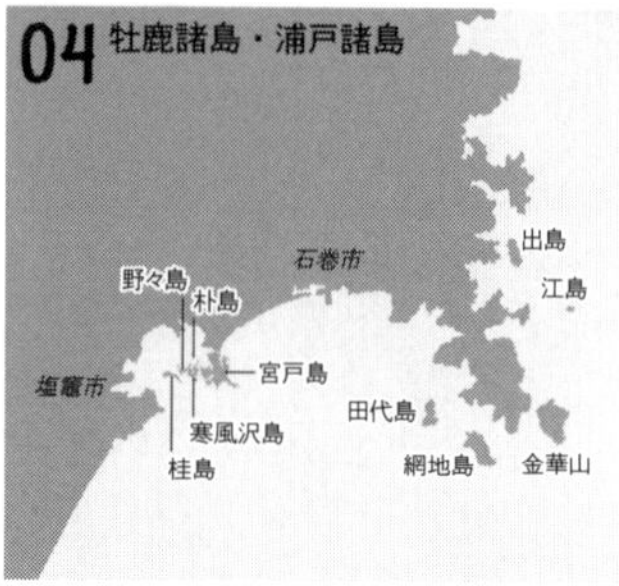

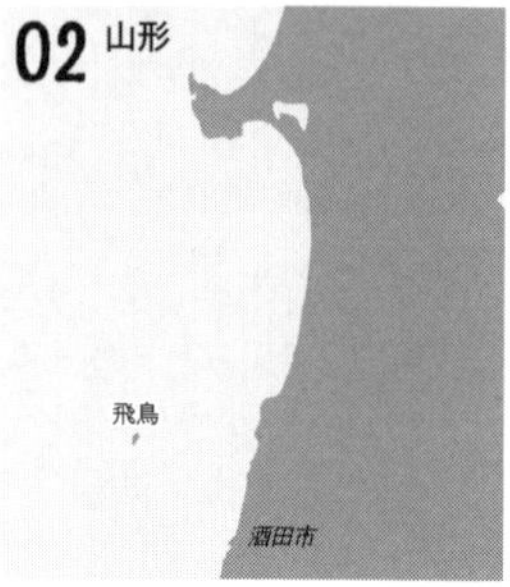

05 新潟・富山

新潟県｜**粟島**(あわしま)｜粟島浦村｜9.69㎢｜353人｜36.43人/㎢｜小11.9%・大46.7%・老41.4%｜農13%・漁14%・二7%・三63%

新潟県｜**佐渡島**(さどがしま)｜佐渡市｜854.76㎢｜51,492人｜60.24人/㎢｜小10.0%・大47.3%・老42.7%｜農18%・漁2%・二17%・三63%

石川県｜**舳倉島**(へぐらじま)｜輪島市｜0.55㎢｜66人｜120.00人/㎢｜小0.0%・大42.4%・老57.6%｜農-・漁88%・二2%・三7%

石川県｜**能登島**(のとじま)｜七尾市｜46.58㎢｜2,471人｜53.05人/㎢｜小9.0%・大44.1%・老46.9%｜農10%・漁7%・二22%・三61%

06 隠岐諸島周辺

島根県｜**島後**(どうご)｜隠岐の島町｜241.55㎢｜13,433人｜55.61人/㎢｜小11.5%・大47.1%・老41.5%｜農5%・漁6%・二16%・三69%

島根県｜**中ノ島**(なかのしま)｜海士町｜32.28㎢｜2,267人｜70.23人/㎢｜小10.8%・大49.3%・老39.9%｜農9%・漁8%・二16%・三68%

島根県｜**西ノ島**(にしのしま)｜西ノ島町｜55.76㎢｜2,788人｜50.00人/㎢｜小9.1%・大44.7%・老46.2%｜農3%・漁14%・二15%・三68%

島根県｜**知夫里島**(ちぶりしま)｜知夫村｜13.03㎢｜634人｜48.66人/㎢｜小10.9%・大44.3%・老44.8%｜農6%・漁14%・二7%・三72%

島根県｜**大根島**(だいこんじま)｜松江市｜5.15㎢｜3,123人｜606.41人/㎢｜小10.7%・大48.5%・老40.8%｜農10%・漁0%・二24%・三60%

島根県｜**江島**(えしま)｜松江市｜1.2㎢｜670人｜558.33人/㎢｜小10.3%・大55.9%・老33.8%｜農3%・漁1%・二31%・三54%

04 牡鹿諸島・浦戸諸島

宮城県｜**出島**(いずしま)｜女川町｜2.63㎢｜69人｜26.24人/㎢｜小0.0%・大23.2%・老76.8%｜農-・漁79%・二2%・三19%

宮城県｜**江島(陸前江島)**(えのしま)｜女川町｜0.36㎢｜33人｜91.67人/㎢｜小0.0%・大18.2%・老81.8%｜農-・漁100%・二-・三-

宮城県｜**金華山**(きんかさん)｜石巻市｜9.92㎢｜17人｜1.71人/㎢｜個別算出不可｜不明

宮城県｜**網地島**(あじしま)｜石巻市｜6.49㎢｜247人｜38.06人/㎢｜小1.6%・大23.1%・老75.3%｜農-・漁41%・二4%・三55%

宮城県｜**田代島**(たしろじま)｜石巻市｜2.92㎢｜43人｜14.73人/㎢｜小2.3%・大27.9%・老69.8%｜農-・漁43%・二4%・三52%

宮城県｜**宮戸島**(みやとじま)｜東松島市｜7.06㎢｜453人｜64.16人/㎢｜小4.4%・大46.4%・老49.2%｜農1%・漁34%・二16%・三49%

宮城県｜**桂島**(かつらじま)｜塩竈市｜0.76㎢｜124人｜163.16人/㎢｜小0.8%・大29%・老70.2%｜農-・漁35%・二19%・三46%

宮城県｜**野々島**(ののしま)｜塩竈市｜0.56㎢｜55人｜98.21人/㎢｜小0.0%・大27.3%・老72.7%｜農-・漁55%・二10%・三35%

宮城県｜**寒風沢島**(さぶさわじま)｜塩竈市｜1.37㎢｜82人｜59.85人/㎢｜小0.0%・大23.2%・老76.8%｜農-・漁49%・二20%・三31%

宮城県｜**朴島**(ほおじま)｜塩竈市｜0.15㎢｜10人｜66.67人/㎢｜小0.0%・大50%・老50%｜農-・漁89%・二-・三11%

01 北海道

北海道｜**礼文島**(れぶんとう)｜礼文町｜81.25㎢｜2,509人｜30.88人/㎢｜小10.3%・大53.4%・老36.3%｜農0%・漁36%・二13%・三51%

北海道｜**利尻島**(りしりとう)｜利尻町・利尻富士町｜182.09㎢｜4,462人｜24.50人/㎢｜小9.8%・大51.0%・老39.2%｜農0%・漁29%・二15%・三56%

北海道｜**焼尻島**(やぎしりとう)｜羽幌町｜5.19㎢｜171人｜32.95人/㎢｜小5.8%・大40.9%・老53.2%｜農3%・漁23%・二1%・三56%

北海道｜**天売島**(てうりとう)｜羽幌町｜5.47㎢｜259人｜47.35人/㎢｜小6.6%・大51.4%・老42.1%｜農-・漁33%・二7%・三56%

北海道｜**奥尻島**(おくしりとう)｜奥尻町｜142.69㎢｜2,410人｜16.89人/㎢｜小6.8%・大51.9%・老41.4%｜農2%・漁9%・二13%・三76%

北海道｜**小島(厚岸小島)**(こじま)｜厚岸町｜0.05㎢｜8人｜160.00人/㎢｜小0.0%・大25%・老75%｜農-・漁100%・二-・三-

北海道｜**鴎島**(かもめじま)｜江差町｜0.3㎢｜4人｜13.33人/㎢｜個別算出不可｜不明

02 山形

山形県｜**飛島**(とびしま)｜酒田市｜2.73㎢｜158人｜57.88人/㎢｜小0.0%・大22.8%・老77.2%｜農-・漁44%・二2%・三54%

03 気仙沼湾

宮城県｜**大島(気仙沼大島)**(おおしま)｜気仙沼市｜8.5㎢｜2,207人｜259.65人/㎢｜小5.3%・大42.4%・老52.3%｜農1%・漁15%・二19%・三63%

09 伊豆諸島・小笠原諸島

神奈川県｜**城ケ島**(じょうがしま)｜三浦市｜0.99㎢｜449人｜453.54人/㎢｜小3.1%・大52.1%・老44.8%｜農−・漁11%・二22%・三64%

神奈川県｜**江の島**(えのしま)｜藤沢市｜0.38㎢｜312人｜821.05人/㎢｜小8.2%・大50.2%・老41.6%｜農1%・漁1%・二10%・三77%

静岡県｜**初島**(はつしま)｜熱海市｜0.44㎢｜268人｜609.09人/㎢｜小5.7%・大79.5%・老14.8%｜農−・漁1%・二1%・三98%

千葉県｜**仁右衛門島**(にえもんじま)｜鴨川市｜0.02㎢｜1人｜50.00人/㎢｜個別算出不可｜農−・漁−・二−・三100%

東京都｜**大島(伊豆大島)**(おおしま)｜大島町｜90.73㎢｜7,102人｜78.28人/㎢｜小10.0%・大51.8%・老38.2%｜農4%・漁2%・二17%・三76%

東京都｜**利島**(としま)｜利島村｜4.12㎢｜327人｜79.37人/㎢｜小15.3%・大60.2%・老24.5%｜農16%・漁2%・二18%・三64%

東京都｜**新島**(にいじま)｜新島村｜22.97㎢｜1,967人｜85.63人/㎢｜小10.8%・大50.1%・老39.1%｜農1%・漁2%・二24%・三71%

東京都｜**式根島**(しきねじま)｜新島村｜3.67㎢｜474人｜129.16人/㎢｜小12.4%・大45.8%・老41.8%｜農1%・漁9%・二7%・三83%

東京都｜**神津島**(こうづしま)｜神津島村｜18.24㎢｜1,855人｜101.70人/㎢｜小14.8%・大53.6%・老31.6%｜農3%・漁12%・二16%・三67%

東京都｜**三宅島**(みやけじま)｜三宅村｜55.21㎢｜2,273人｜41.17人/㎢｜小9.9%・大50.7%・老39.4%｜農5%・漁2%・二20%・三72%

東京都｜**御蔵島**(みくらしま)｜御蔵島村｜20.51㎢｜323人｜15.75人/㎢｜小18.6%・大63.5%・老18%｜農0%・漁1%・二24%・三75%

東京都｜**八丈島**(はちじょうしま)｜八丈町｜69.11㎢｜7,042人｜101.90人/㎢｜小11.4%・大48.7%・老39.9%｜農13%・漁3%・二15%・三68%

東京都｜**青ケ島**(あおがしま)｜青ケ島村｜5.96㎢｜169人｜28.36人/㎢｜小12.4%・大69.2%・老18.3%｜農6%・漁−・二32%・三61%

東京都｜**父島**(ちちじま)｜小笠原村｜23.45㎢｜2,114人｜90.15人/㎢｜小16.4%・大68.9%・老14.8%｜農4%・漁4%・二13%・三79%

東京都｜**母島**(ははじま)｜小笠原村｜19.88㎢｜447人｜22.48人/㎢｜小15.7%・大62.4%・老21.9%｜農13%・漁9%・二14%・三63%

東京都｜**硫黄島**(いおうとう)｜小笠原村｜23.73㎢｜359人｜15.13人/㎢｜小0.0%・大99.2%・老0.8%｜農−・漁−・二14%・三86%

東京都｜**南鳥島**(みなみとりしま)｜小笠原村｜1.52㎢｜9人｜5.92人/㎢｜小0.0%・大100%・老0%｜農−・漁−・二72%・三28%

10 和歌山

和歌山県｜**中の島**(なかのしま)｜那智勝浦町｜0.07㎢｜0人｜0.00人/㎢｜小0.0%・大0.0%・老0.0%｜不明

和歌山県｜**大島(紀伊大島)**(おおしま)｜串本町｜9.47㎢｜891人｜94.09人/㎢｜小8.0%・大42.1%・老49.9%｜農2%・漁21%・二7%・三69%

07 三重・愛知

愛知県｜**佐久島**(さくしま)｜西尾市｜1.73㎢｜196人｜113.29人/㎢｜小6.7%・大37.9%・老55.4%｜農1%・漁41%・二4%・三54%

愛知県｜**日間賀島**(ひまかじま)｜南知多町｜0.77㎢｜1,716人｜2,228.57人/㎢｜小13.2%・大50.3%・老36.5%｜農−・漁38%・二6%・三55%

愛知県｜**篠島**(しのじま)｜南知多町｜0.94㎢｜1,518人｜1,614.89人/㎢｜小12.7%・大52.8%・老34.5%｜農−・漁45%・二12%・三43%

三重県｜**神島**(かみしま)｜鳥羽市｜0.76㎢｜290人｜381.58人/㎢｜小9.7%・大41.4%・老49%｜農−・漁51%・二1%・三45%

三重県｜**答志島**(とうしじま)｜鳥羽市｜6.96㎢｜1,657人｜238.07人/㎢｜小8.6%・大47.6%・老43.8%｜農0%・漁50%・二9%・三38%

三重県｜**菅島**(すがしま)｜鳥羽市｜4.41㎢｜455人｜103.17人/㎢｜小10.3%・大44.8%・老44.8%｜農0%・漁41%・二14%・三41%

三重県｜**坂手島**(さかてじま)｜鳥羽市｜0.51㎢｜243人｜476.47人/㎢｜小0.0%・大23.9%・老76.1%｜農−・漁7%・二29%・三63%

三重県｜**渡鹿野島**(わたかのじま)｜志摩市｜0.69㎢｜160人｜231.88人/㎢｜小3.8%・大39.5%・老56.7%｜不明

三重県｜**間崎島**(まさきじま)｜志摩市｜0.36㎢｜56人｜155.56人/㎢｜個別算出不可｜不明

三重県｜**賢島**(かしこじま)｜志摩市｜0.68㎢｜95人(※横山島の人口を含む)｜139.71人/㎢｜個別算出不可｜不明

三重県｜**横山島**(よこやまじま)｜志摩市｜0.06㎢｜島別統計なし｜不明｜個別算出不可｜不明

08 琵琶湖

滋賀県｜**沖島**(おきしま)｜近江八幡市｜1.51㎢｜242人｜160.26人/㎢｜個別算出不可｜農1%・漁54%・二11%・三29%

 凡例：都道府県｜島名(よみ)｜自治体名｜面積(㎢)｜人口数(人)｜人口密度(人/㎢)｜人口構成(%)｜産業構成(%)

岡山県｜**黒島**(くろしま)｜瀬戸内市｜0.1㎢｜島別統計なし｜不明｜個別算出不可｜不明

岡山県｜**犬島**(いぬじま)｜岡山市｜0.54㎢｜36人｜66.67人/㎢｜小11.1%・大36.1%・老52.8%｜農−・漁−・二7%・三93%

岡山県｜**石島**(いしま)｜玉野市｜0.82㎢｜54人｜65.85人/㎢｜小0.0%・大42.6%・老57.4%｜農−・漁83%・二7%・三7%
※島内に岡山県・香川県の県境が引かれており、香川県側の地域は井島と表記

香川県｜**小豆島**(しょうどしま)｜小豆島町・土庄町｜153.25㎢｜25,881人｜168.88人/㎢｜小9.3%・大47.2%・老43.4%｜農4%・漁2%・二30%・三64%

香川県｜**沖之島**(おきのしま)｜土庄町｜0.18㎢｜58人｜322.22人/㎢｜小1.7%・大44.8%・老53.4%｜農−・漁61%・二12%・三27%

香川県｜**小豊島**(おでしま)｜土庄町｜1.1㎢｜9人｜8.18人/㎢｜小0.0%・大33.3%・老66.7%｜農67%・漁11%・二−・三22%

香川県｜**豊島**(てしま)｜土庄町｜14.5㎢｜768人｜52.97人/㎢｜小6.1%・大43.5%・老50.4%｜農1%・漁10%・二15%・三64%

香川県｜**直島**(なおしま)｜直島町｜7.82㎢｜3,071人｜392.71人/㎢｜小10.3%・大55.8%・老33.9%｜農0%・漁5%・二35%・三56%(直島町全体)

香川県｜**向島**(むかえじま)｜直島町｜0.74㎢｜12人｜16.22人/㎢｜個別算出不可｜不明

香川県｜**屏風島**(びょうぶしま)｜直島町｜0.12㎢｜20人｜166.67人/㎢｜個別算出不可｜不明

香川県｜**大島**(おおしま)｜高松市｜0.73㎢｜53人｜72.60人/㎢｜個別算出不可｜不明

香川県｜**男木島**(おぎじま)｜高松市｜1.34㎢｜132人｜98.51人/㎢｜小8.3%・大31.8%・老59.8%｜農2%・漁29%・二8%・三61%

香川県｜**女木島**(めぎじま)｜高松市｜2.62㎢｜125人｜47.71人/㎢｜小3.3%・大24.6%・老72.1%｜農17%・漁35%・二2%・三46%

兵庫県｜**家島**(いえしま)｜姫路市｜5.4㎢｜2,137人｜395.74人/㎢｜小5.6%・大42.4%・老52%｜農−・漁7%・二13%・三73%

兵庫県｜**男鹿島**(たんがしま)｜姫路市｜4.53㎢｜27人｜5.96人/㎢｜個別算出不可｜不明

兵庫県｜**坊勢島**(ぼうぜじま)｜姫路市｜1.9㎢｜1,911人｜1,005.79人/㎢｜小12.6%・大55.3%・老32.2%｜農−・漁45%・二10%・三38%

兵庫県｜**西島**(にしじま)｜姫路市｜6.52㎢｜4人｜0.61人/㎢｜個別算出不可｜不明

⑫ 瀬戸内海／淡路島周辺

兵庫県｜**淡路島**(あわじしま)｜淡路市・洲本市・南あわじ市｜592.54㎢｜126,980人｜214.30人/㎢｜小11.1%・大51.3%・老37.6%｜農14%・漁3%・二22%・三61%

兵庫県｜**沼島**(ぬしま)｜南あわじ市｜2.67㎢｜360人｜134.83人/㎢｜小6.4%・大45%・老48.6%｜農−・漁54%・二3%・三42%

徳島県｜**大毛島**(おおげしま)｜鳴門市｜7.31㎢｜3,007人｜411.35人/㎢｜小6.2%・大44.2%・老49.6%｜農18%・漁21%・二14%・三43%

徳島県｜**島田島**(しまだじま)｜鳴門市｜5.73㎢｜373人｜65.10人/㎢｜個別算出不可｜不明

⑬ 瀬戸内海／備讃瀬戸周辺

岡山県｜**鹿久居島**(かくいじま)｜備前市｜10.13㎢｜11人｜1.09人/㎢｜小0.0%・大18.2%・老81.8%｜農67%・漁−・二−・三33%

岡山県｜**頭島**(かしらじま)｜備前市｜0.6㎢｜362人｜603.33人/㎢｜小4.7%・大50%・老45.3%｜農2%・漁40%・二13%・三42%

岡山県｜**大多府島**(おおたぶじま)｜備前市｜0.4㎢｜47人｜117.50人/㎢｜小0.0%・大38.3%・老61.7%｜農−・漁86%・二3%・三7%

岡山県｜**鴻島**(こうじま)｜備前市｜2.07㎢｜50人｜24.15人/㎢｜小0.0%・大36%・老64%｜農33%・漁17%・二6%・三39%

岡山県｜**長島**(ながしま)｜瀬戸内市｜3.51㎢｜364人｜103.70人/㎢｜小1.9%・大27.8%・老70.2%｜不明

岡山県｜**前島**(まえじま)｜瀬戸内市｜2.41㎢｜118人(※黒島の人口を含む)｜48.96人/㎢｜小0.8%・大39%・老60.2%｜農41%・漁2%・二6%・三44%

岡山県｜**黄島**(きじま)｜瀬戸内市｜0.41㎢｜0人｜0.00人/㎢｜小0.0%・大0.0%・老0.0%｜不明

⑪ 瀬戸内海／紀伊水道周辺

徳島県｜**伊島**(いしま)｜阿南市｜1.44㎢｜125人｜86.81人/㎢｜小8.8%・大44%・老47.2%｜不明

徳島県｜**出羽島**(てばじま)｜牟岐町｜0.65㎢｜68人｜104.62人/㎢｜個別算出不可｜農−・漁59%・二10%・三31%

徳島県｜**竹ケ島**(たけがしま)｜海陽町｜1.30㎢｜島別統計なし｜不明｜個別算出不可｜不明

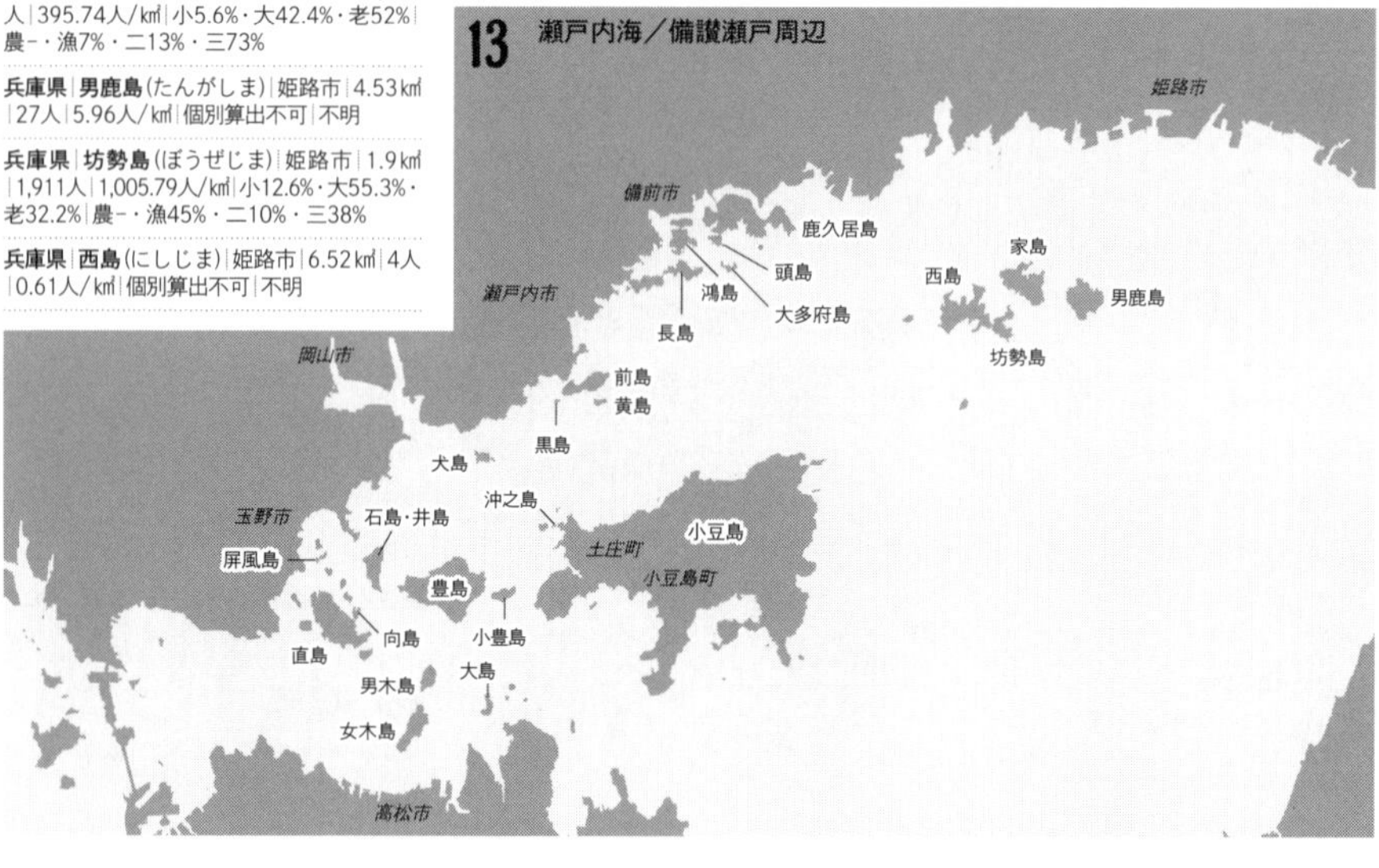

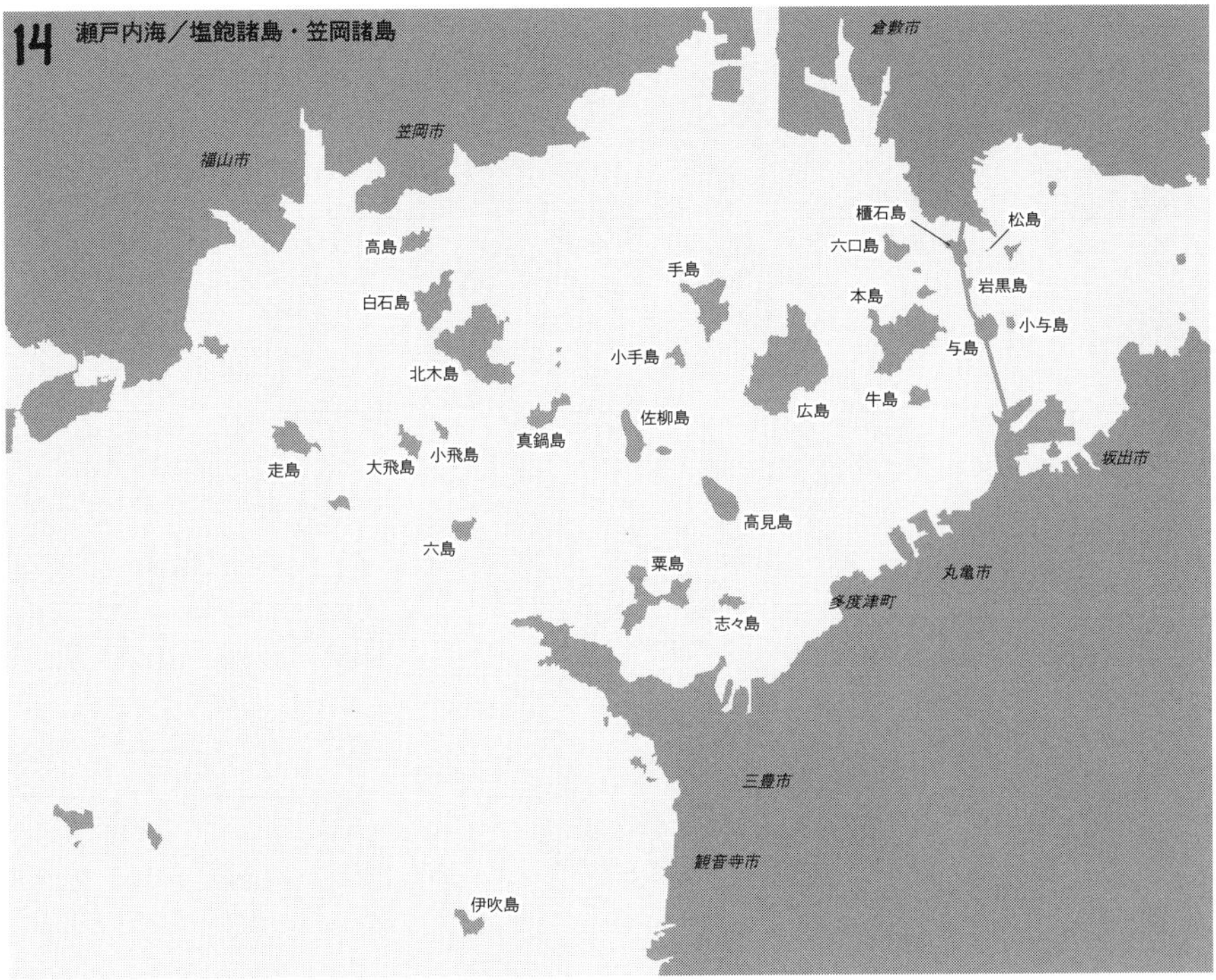

⓮ 瀬戸内海／塩飽諸島・笠岡諸島

香川県｜**高見島**(たかみじま)｜多度津町｜2.35㎢｜25人｜10.64人/㎢｜小0.0%・大28%・老72%｜農-・漁73%・二-・三27%

香川県｜**佐柳島**(さなぎじま)｜多度津町｜1.83㎢｜57人｜31.15人/㎢｜小0.0%・大10.5%・老89.5%｜農-・漁64%・二-・三36%

香川県｜**粟島**(あわしま)｜三豊市｜3.67㎢｜154人｜41.96人/㎢｜小0.0%・大17%・老83%｜農-・漁35%・二5%・三59%

香川県｜**志々島**(ししじま)｜三豊市｜0.59㎢｜19人｜32.20人/㎢｜小0.0%・大36.8%・老63.2%｜農-・漁-・二-・三80%

香川県｜**伊吹島**(いぶきじま)｜観音寺市｜1.01㎢｜323人｜319.80人/㎢｜小5.6%・大43.3%・老51.1%｜農-・漁29%・二37%・三21%

広島県｜**走島**(はしりじま)｜福山市｜2.16㎢｜343人｜158.80人/㎢｜小0.0%・大21.3%・老78.7%｜農-・漁60%・二3%・三29%

香川県｜**櫃石島**(ひついしじま)｜坂出市｜0.93㎢｜151人｜162.37人/㎢｜小7.3%・大45.7%・老47%｜農-・漁55%・二5%・三40%

香川県｜**岩黒島**(いわくろじま)｜坂出市｜0.17㎢｜55人｜323.53人/㎢｜小3.6%・大41.8%・老54.5%｜農-・漁48%・二3%・三48%

香川県｜**与島**(よしま)｜坂出市｜1.13㎢｜65人｜57.52人/㎢｜小0.0%・大32.8%・老67.2%｜農-・漁15%・二9%・三68%(小与島を含む)

香川県｜**小与島**(こよしま)｜坂出市｜0.26㎢｜2人｜7.69人/㎢｜個別算出不可｜不明

香川県｜**牛島**(うしじま)｜丸亀市｜0.84㎢｜8人｜9.52人/㎢｜個別算出不可｜農-・漁100%・二-・三-

香川県｜**本島**(ほんじま)｜丸亀市｜6.75㎢｜292人｜43.26人/㎢｜小4.7%・大34%・老61.3%｜農-・漁44%・二7%・三47%

香川県｜**広島**(ひろしま)｜丸亀市｜11.72㎢｜170人｜14.51人/㎢｜小0.6%・大17.6%・老81.8%｜農8%・漁17%・二18%・三53%

香川県｜**手島**(てしま)｜丸亀市｜3.41㎢｜22人｜6.45人/㎢｜小0.0%・大13.6%・老86.4%｜農27%・漁45%・二9%・三18%

香川県｜**小手島**(おてしま)｜丸亀市｜0.53㎢｜38人｜71.70人/㎢｜小2.6%・大42.1%・老55.3%｜農-・漁75%・二-・三25%

岡山県｜**松島**(まつしま)｜倉敷市｜0.08㎢｜2人｜25.00人/㎢｜個別算出不可｜不明

岡山県｜**六口島**(むぐちじま)｜倉敷市｜1.03㎢｜6人｜5.83人/㎢｜個別算出不可｜不明

岡山県｜**高島**(たかしま)｜笠岡市｜1.06㎢｜58人｜54.72人/㎢｜小3.4%・大27.6%・老69%｜農-・漁54%・二-・三46%

岡山県｜**白石島**(しらいしじま)｜笠岡市｜2.95㎢｜346人｜117.29人/㎢｜小2.9%・大26%・老71.1%｜農6%・漁12%・二18%・三63%

岡山県｜**北木島**(きたぎしま)｜笠岡市｜7.5㎢｜580人｜77.33人/㎢｜小1.7%・大22.9%・老75.4%｜農-・漁13%・二35%・三52%

岡山県｜**真鍋島**(まなべしま)｜笠岡市｜1.48㎢｜147人｜99.32人/㎢｜小2.7%・大25.2%・老72.1%｜農2%・漁38%・二-・三60%

岡山県｜**大飛島**(おおびしま)｜笠岡市｜1.05㎢｜42人｜40.00人/㎢｜小0.0%・大14.3%・老85.7%｜農-・漁-・二-・三100%

岡山県｜**小飛島**(こびしま)｜笠岡市｜0.3㎢｜17人｜56.67人/㎢｜小0.0%・大11.8%・老88.2%｜農-・漁-・二-・三100%

岡山県｜**六島**(むしま)｜笠岡市｜1.02㎢｜48人｜47.06人/㎢｜小8.3%・大27.1%・老64.6%｜農-・漁53%・二13%・三33%

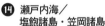

16 瀬戸内海／芸予諸島東部

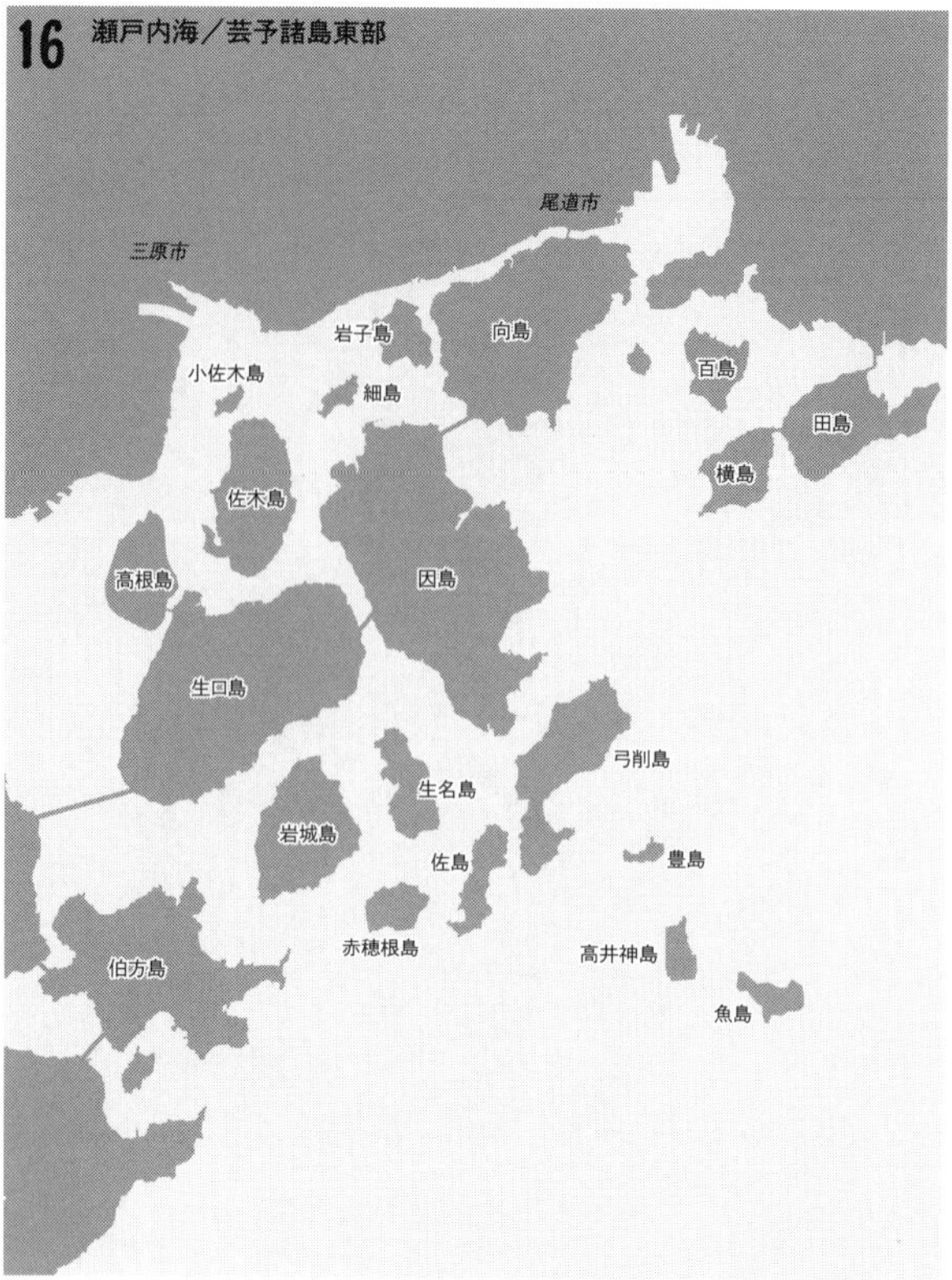

15 瀬戸内海／新居大島

⑮ 瀬戸内海／新居大島

愛媛県｜**大島（新居大島）**（おおしま）｜新居浜市｜2.14㎢｜131人｜61.21人/㎢｜小0.8%・大36.6%・老62.6%｜農2%・漁31%・二13%・三54%

⑯ 瀬戸内海／芸予諸島東部

愛媛県｜**魚島**（うおしま）｜上島町｜1.36㎢｜138人｜101.47人/㎢｜小3.6%・大47.8%・老48.6%｜農−・漁22%・二2%・三76%

愛媛県｜**高井神島**（たかいかみしま）｜上島町｜1.34㎢｜11人｜8.21人/㎢｜小0.0%・大18.2%・老81.8%｜農−・漁33%・二−・三67%

愛媛県｜**弓削島**（ゆげじま）｜上島町｜8.68㎢｜2,599人｜299.42人/㎢｜小6.7%・大50.9%・老42.3%｜農1%・漁3%・二22%・三73%

愛媛県｜**佐島**（さしま）｜上島町｜2.68㎢｜428人｜159.70人/㎢｜小5.1%・大35%・老59.8%｜農9%・漁2%・二29%・三60%

愛媛県｜**生名島**（いきなじま）｜上島町｜3.67㎢｜1,389人｜378.47人/㎢｜小5.2%・大38.2%・老56.7%｜農1%・漁1%・二33%・三65%

愛媛県｜**岩城島**（いわぎじま）｜上島町｜8.95㎢｜1,942人｜216.98人/㎢｜小9.4%・大52.6%・老38%｜農12%・漁2%・二50%・三32%

愛媛県｜**赤穂根島**（あかほねじま）｜上島町｜2.09㎢｜2人｜0.96人/㎢｜個別算出不可｜不明

愛媛県｜**伯方島**（はかたじま）｜今治市｜20.93㎢｜5,715人｜273.05人/㎢｜小8.4%・大49.1%・老42.5%｜農4%・漁1%・二37%・三58%

広島県｜**田島**（たしま）｜福山市｜8.62㎢｜1,327人｜153.94人/㎢｜小6.4%・大38.8%・老54.8%｜農5%・漁11%・二21%・三59%

広島県｜**横島**（よこしま）｜福山市｜4.06㎢｜921人｜226.85人/㎢｜小5.5%・大42.4%・老52.1%｜農2%・漁4%・二26%・三64%

広島県｜**百島**（ももしま）｜尾道市｜3.08㎢｜380人｜123.38人/㎢｜小3.2%・大31.6%・老65.3%｜農8%・漁−・二25%・三66%

広島県｜**向島**（むかいしま）｜尾道市｜22.31㎢｜20,994人｜941.01人/㎢｜小10.9%・大50.5%・老38.6%｜農5%・漁0%・二32%・三61%

広島県｜**岩子島**（いわしじま）｜尾道市｜2.46㎢｜483人｜196.34人/㎢｜小5.2%・大44.5%・老50.3%｜農46%・漁−・二22%・三32%

広島県｜**細島**（ほそじま）｜尾道市｜0.76㎢｜27人｜35.53人/㎢｜個別算出不可｜個別算出不可

広島県｜**因島**（いんのしま）｜尾道市｜35.03㎢｜20,435人｜583.36人/㎢｜小8.1%・大48.2%・老43.7%｜農6%・漁1%・二40%・三52%（細島を含む）

広島県｜**生口島**（いくちじま）｜尾道市｜31.21㎢｜8,407人｜269.37人/㎢｜小7.9%・大45.7%・老46.4%｜農19%・漁0%・二36%・三44%

広島県｜**高根島**（こうねしま）｜尾道市｜5.6㎢｜432人｜77.14人/㎢｜小6.9%・大39.6%・老53.5%｜農64%・漁−・二10%・三26%

広島県｜**佐木島**（さぎじま）｜三原市｜8.71㎢｜585人｜67.16人/㎢｜小1.2%・大29.7%・老69.2%／農33%・漁−・二21%・三41%（小佐木島を含む）

広島県｜**小佐木島**（こさぎじま）｜三原市｜0.5㎢｜5人｜10.00人/㎢｜個別算出不可｜不明

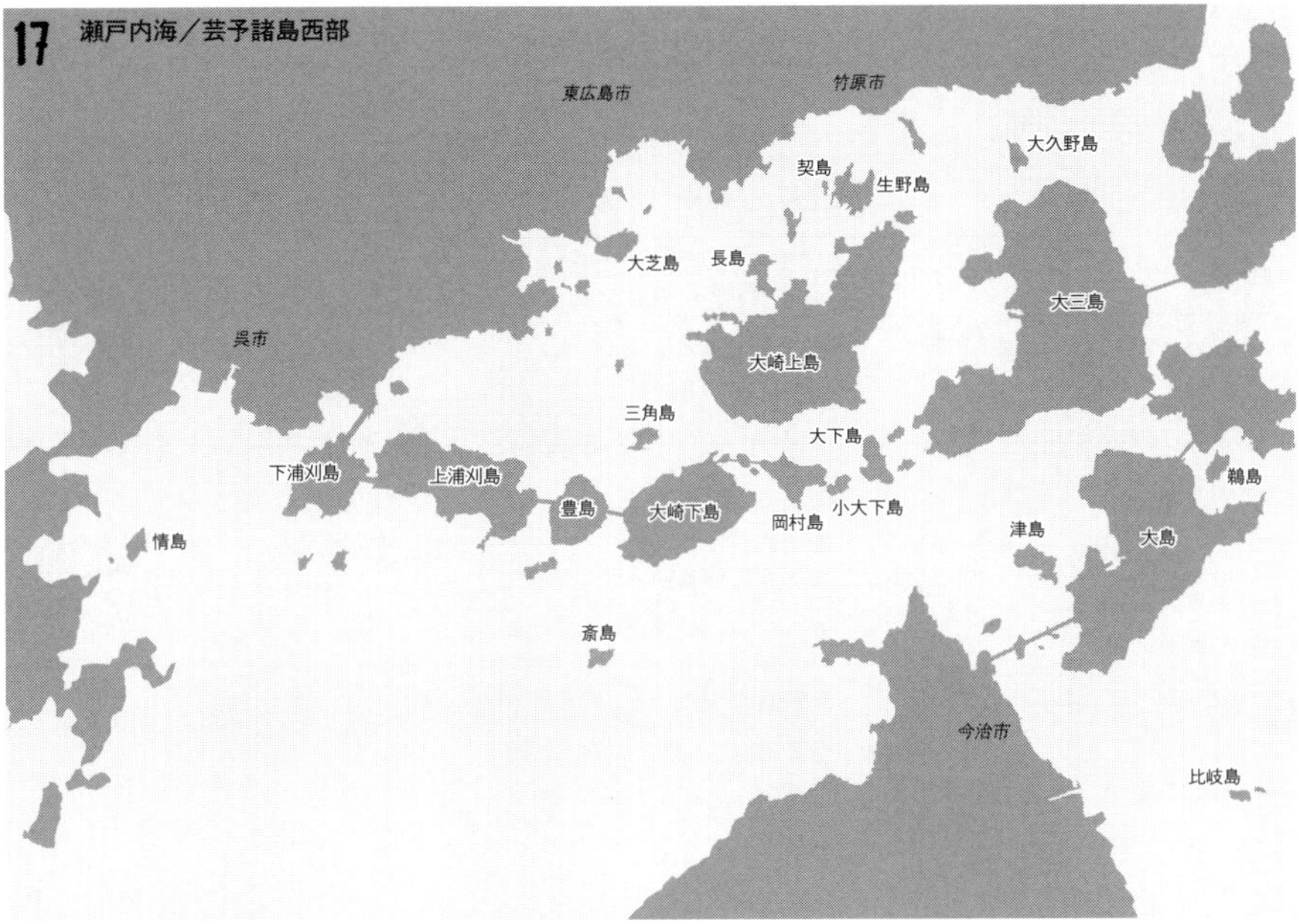

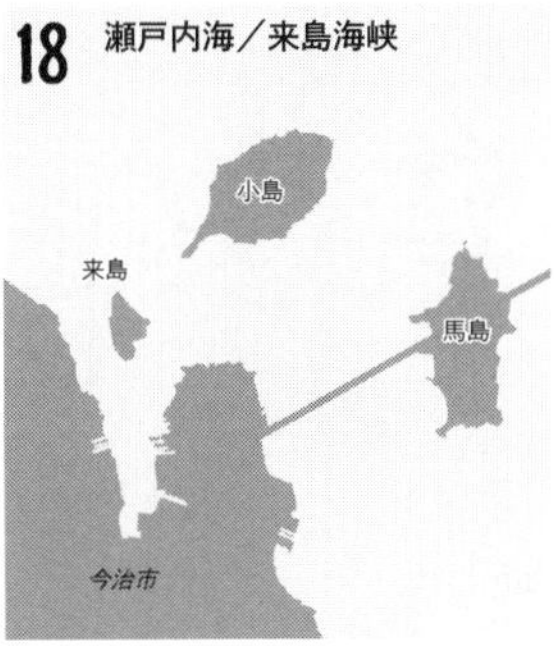

⑰ 瀬戸内海／芸予諸島西部

愛媛県｜**大三島**(おおみしま)｜今治市｜64.58㎢｜4,963人｜76.85人/㎢｜小6.1%・大38.3%・老55.6%｜農29%・漁1%・二21%・三49%

愛媛県｜**鵜島**(うしま)｜今治市｜0.76㎢｜19人｜25.00人/㎢｜個別算出不可｜不明

愛媛県｜**大島 (今治大島)**(おおしま)｜今治市｜41.87㎢｜5,355人｜127.90人/㎢｜小6.9%・大46.3%・老46.7%｜農7%・漁9%・二28%・三55%

愛媛県｜**津島**(つしま)｜今治市｜1.43㎢｜7人｜4.90人/㎢｜個別算出不可｜農100%・漁−・二−・三−

愛媛県｜**岡村島**(おかむらじま)｜今治市｜3.17㎢｜278人｜87.70人/㎢｜小2.2%・大30.2%・老67.6%｜農34%・漁9%・二4%・三53%

愛媛県｜**小大下島**(こおげしま)｜今治市｜0.9㎢｜26人｜28.89人/㎢｜小0.0%・大11.5%・老88.5%｜農40%・漁20%・二−・三40%

愛媛県｜**大下島**(おおげしま)｜今治市｜1.81㎢｜46人｜25.41人/㎢｜小0.0%・大2.2%・老97.8%｜農95%・漁−・二−・三5%

愛媛県｜**比岐島**(ひきじま)｜今治市｜0.3㎢｜0人｜0.00人/㎢｜小0.0%・大0.0%・老0.0%｜不明

広島県｜**大久野島**(おおくのしま)｜竹原市｜0.7㎢｜21人｜30.00人/㎢｜個別算出不可｜不明

広島県｜**契島**(ちぎりじま)｜大崎上島町｜0.09㎢｜33人｜366.67人/㎢｜小5.7%・大65.7%・老28.6%｜農−・漁−・二83%・三17%

広島県｜**生野島**(いくのしま)｜大崎上島町｜2.25㎢｜11人｜4.89人/㎢｜個別算出不可｜農25%・漁−・二19%・三56%

広島県｜**大崎上島**(おおさきかみじま)｜大崎上島町｜38.27㎢｜7,084人｜185.11人/㎢｜小7.8%・大45.4%・老46.8%｜農14%・漁1%・二29%・三56%

広島県｜**長島**(ながしま)｜大崎上島町｜1.04㎢｜30人｜28.85人/㎢｜小3.4%・大62.1%・老34.5%｜農21%・漁5%・二5%・三68%

広島県｜**大崎下島**(おおさきしもじま)｜呉市｜17.37㎢｜1,748人｜100.63人/㎢｜小3.1%・大26.3%・老70.6%｜農52%・漁2%・二8%・三36%

広島県｜**三角島**(みかどじま)｜呉市｜0.58㎢｜16人｜27.59人/㎢｜小0.0%・大25%・老75%｜農79%・漁−・二5%・三16%

広島県｜**豊島**(とよしま)｜呉市｜5.64㎢｜921人｜163.30人/㎢｜小4.7%・大25.4%・老69.9%｜農31%・漁25%・二7%・三36%

広島県｜**斎島**(いつきしま)｜呉市｜0.7㎢｜12人｜17.14人/㎢｜小0.0%・大8.3%・老91.7%｜農−・漁−・二−・三100%

広島県｜**上蒲刈島**(かみかまがりじま)｜呉市｜18.79㎢｜1,423人｜75.73人/㎢｜小4.4%・大32.3%・老63.2%｜農25%・漁1%・二22%・三50%

広島県｜**下蒲刈島**(しもかまがりじま)｜呉市｜7.96㎢｜1,288人｜161.81人/㎢｜小4.7%・大41.3%・老53.9%｜農14%・漁3%・二22%・三61%

広島県｜**情島**(なさけじま)｜呉市｜0.69㎢｜4人｜5.80人/㎢｜個別算出不可｜不明

広島県｜**大芝島**(おおしばじま)｜東広島市｜1.69㎢｜128人｜75.74人/㎢｜個別算出不可｜不明

⑱ 瀬戸内海／来島海峡

愛媛県｜**来島**(くるしま)｜今治市｜0.04㎢｜14人｜350.00人/㎢｜小0.0%・大9.5%・老90.5%｜不明

愛媛県｜**小島**(おしま)｜今治市｜0.5㎢｜7人｜14.00人/㎢｜個別算出不可｜不明

愛媛県｜**馬島**(うましま)｜今治市｜0.5㎢｜9人｜18.00人/㎢｜小0.0%・大33.3%・老66.7%｜農29%・漁14%・二−・三57%

山口県｜**柱島**(はしらじま)｜岩国市｜3.13㎢｜93人｜29.71人/㎢｜小0.0%・大19.4%・老80.6%｜農17%・漁31%・二－・三51%

山口県｜**黒島**(くろしま)｜岩国市｜0.54㎢｜9人｜16.67人/㎢｜個別算出不可｜農20%・漁80%・二－・三－

山口県｜**屋代島**(やしろじま)｜周防大島町｜128.48㎢｜14,477人｜112.68人/㎢｜小6.2%・大39.1%・老54.7%｜農19%・漁4%・二15%・三62%

山口県｜**笠佐島**(かささじま)｜周防大島町｜0.94㎢｜7人｜7.45人/㎢｜個別算出不可｜農－・漁－・二20%・三80%

山口県｜**前島**(まえじま)｜周防大島町｜1.09㎢｜5人｜4.59人/㎢｜個別算出不可｜不明

山口県｜**浮島**(うかしま)｜周防大島町｜2.27㎢｜180人｜79.30人/㎢｜小11.1%・大45.6%・老43.3%｜農8%・漁64%・二7%・三21%

山口県｜**情島**(なさけじま)｜周防大島町｜1㎢｜33人｜33.00人/㎢｜個別算出不可｜不明

山口県｜**沖家室島**(おきかむろじま)｜周防大島町｜0.95㎢｜96人｜101.05人/㎢｜小11.5%・大28.1%・老60.4%｜農2%・漁30%・二9%・三59%

⑳ 萩諸島周辺

山口県｜**見島**(みしま)｜萩市｜7.76㎢｜689人｜88.79人/㎢｜小3.6%・大41.2%・老55.2%｜農14%・漁21%・二4%・三61%

山口県｜**相島**(あいしま)｜萩市｜2.37㎢｜124人｜52.32人/㎢｜小3.2%・大40.3%・老56.5%｜農58%・漁18%・二－・三24%

山口県｜**櫃島**(ひつしま)｜萩市｜0.83㎢｜2人｜2.41人/㎢｜個別算出不可｜不明

山口県｜**大島(萩大島)**(おおしま)｜萩市｜2.99㎢｜585人｜195.65人/㎢｜小10.4%・大47.5%・老42.1%｜農16%・漁46%・二7%・三31%

山口県｜**青海島**(おおみじま)｜長門市｜14.81㎢｜1,578人｜106.55人/㎢｜個別算出不可｜不明

広島県｜**倉橋島**(くらはしじま)｜呉市｜69.46㎢｜15,106人｜217.48人/㎢｜小7.0%・大44.5%・老48.4%｜農2%・漁19%・二9%・三62%

広島県｜**鹿島**(かしま)｜呉市｜2.62㎢｜186人｜70.99人/㎢｜小2.2%・大40.9%・老57%｜農26%・漁21%・二20%・三32%

広島県｜**似島**(にのしま)｜広島市南区｜3.84㎢｜694人｜180.73人/㎢｜小12.7%・大37.7%・老49.6%｜農2%・漁19%・二9%・三62%

広島県｜**金輪島**(かなわじま)｜広島市南区｜1.05㎢｜72人｜68.57人/㎢｜小0.0%・大87.5%・老12.5%｜農－・漁－・二83%・三5%

広島県｜**江田島・能美島**(えたじま・のうみしま)｜江田島市｜91.32㎢｜21,924人｜240.08人/㎢｜小7.6%・大48.7%・老43.7%｜農5%・漁7%・二19%・三68%

広島県｜**沖野島**(おきのしま)｜江田島市｜0.75㎢｜6人｜8.00人/㎢｜個別算出不可｜不明

広島県｜**厳島(宮島)**(いつくしま)｜廿日市市｜30.33㎢｜1,453人｜47.91人/㎢｜小8.1%・大46.1%・老45.8%｜農1%・漁6%・二8%・三84%

広島県｜**阿多田島**(あたたじま)｜大竹市｜2.39㎢｜207人｜86.61人/㎢｜小10.1%・大51.7%・老38.2%｜農－・漁43%・二29%・三28%

山口県｜**端島**(はしま)｜岩国市｜0.67㎢｜18人｜26.87人/㎢｜小0.0%・大18.5%・老81.5%｜農－・漁100%・二－・三－

⑲ 瀬戸内海／安芸灘

愛媛県｜**安居島**(あいじま)｜松山市｜0.26㎢｜15人｜57.69人/㎢｜小0.0%・大40%・老60%｜農－・漁33%・二－・三67%

愛媛県｜**興居島**(ごごしま)｜松山市｜8.4㎢｜913人｜108.69人/㎢｜小3.8%・大32.1%・老64.1%｜農60%・漁2%・二6%・三29%(釣島を含む)

愛媛県｜**釣島**(つるしま)｜松山市｜0.36㎢｜33人｜91.67人/㎢｜個別算出不可｜不明

愛媛県｜**野忽那島**(のぐつなじま)｜松山市｜0.92㎢｜83人｜90.22人/㎢｜小0.0%・大16.9%・老83.1%｜農37%・漁17%・二－・三46%

愛媛県｜**睦月島**(むづきしま)｜松山市｜3.81㎢｜182人｜47.77人/㎢｜小0.5%・大13.7%・老85.7%｜農77%・漁6%・二－・三17%

愛媛県｜**中島**(なかじま)｜松山市｜21.27㎢｜2,355人｜110.72人/㎢｜小4.3%・大30.7%・老64.9%｜農53%・漁2%・二5%・三37%

愛媛県｜**怒和島**(ぬわじま)｜松山市｜4.75㎢｜278人｜58.53人/㎢｜小0.4%・大27.3%・老72.3%｜農70%・漁7%・二4%・三17%

愛媛県｜**津和地島**(つわじしま)｜松山市｜2.85㎢｜225人｜78.95人/㎢｜小0.0%・大25.2%・老74.8%｜農56%・漁24%・二3%・三17%

愛媛県｜**二神島**(ふたがみじま)｜松山市｜2.13㎢｜85人｜39.91人/㎢｜小1.2%・大15.3%・老83.5%｜農76%・漁12%・二－・三12%

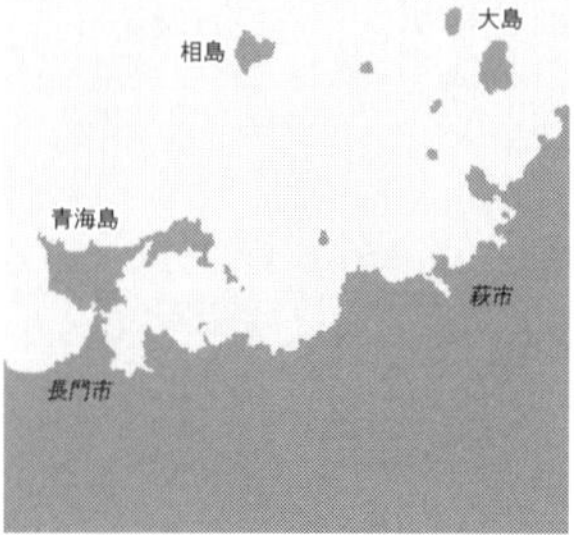

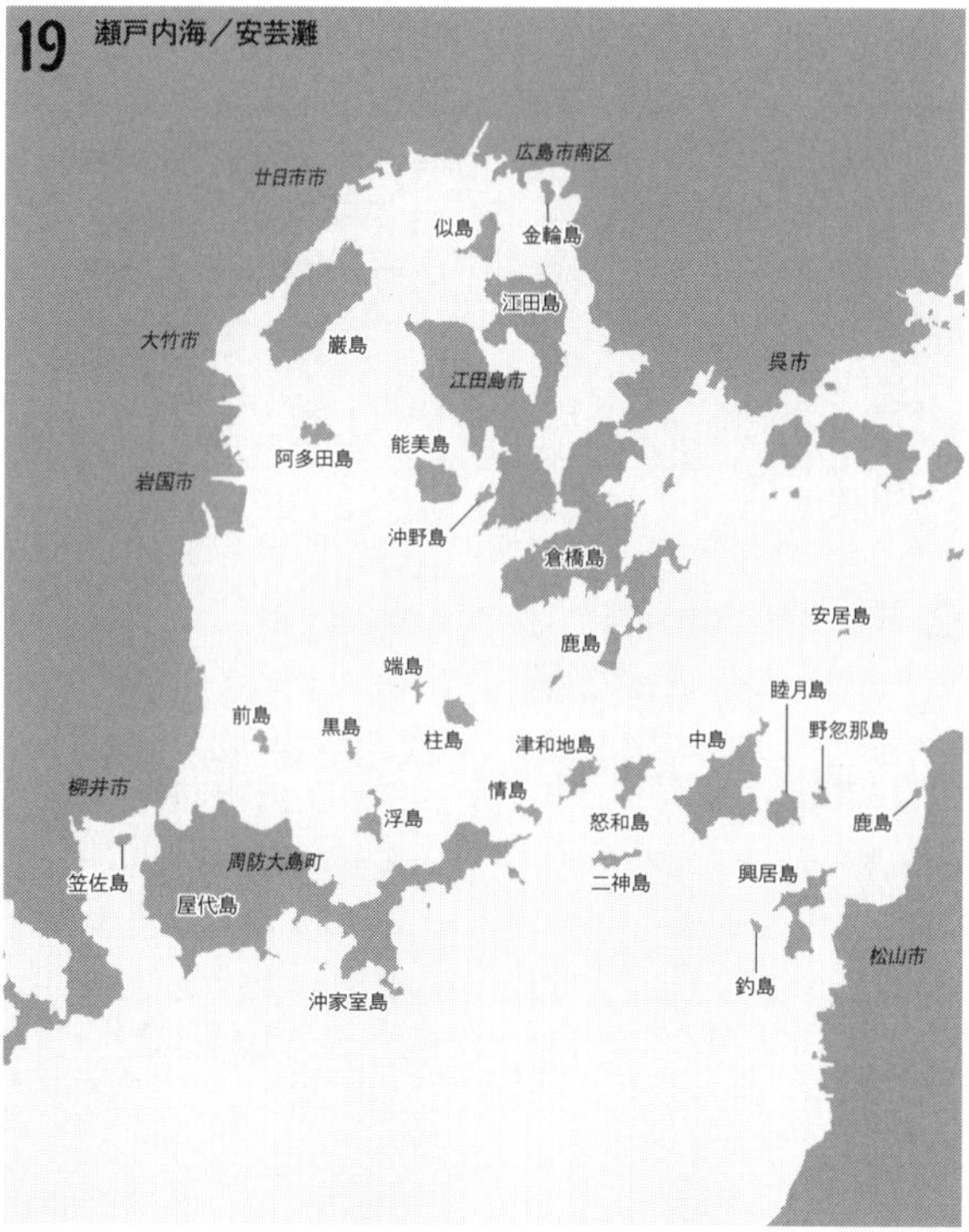

高知県｜**鵜来島**(うぐるしま)｜宿毛市｜1.31㎢｜23人｜17.56人/㎢｜小0.0%・大34.8%・老65.2%｜農−・漁67%・二−・三33%

高知県｜**沖の島**(おきのしま)｜宿毛市｜10.02㎢｜119人｜11.88人/㎢｜小7.6%・大32.8%・老59.7%｜農−・漁17%・二13%・三70%

㉒ 瀬戸内海／周防灘周辺

山口県｜**平郡島**(へいぐんとう)｜柳井市｜16.56㎢｜247人｜14.92人/㎢｜小1.6%・大22.7%・老75.7%｜農36%・漁10%・二2%・三51%

山口県｜**長島**(ながしま)｜上関町｜13.69㎢｜1,249人｜91.23人/㎢｜小5.7%・大36.9%・老57.4%｜農2%・漁11%・二19%・三67%

山口県｜**八島**(やしま)｜上関町｜4.16㎢｜14人｜3.37人/㎢｜小0.0%・大7.1%・老92.9%｜農−・漁50%・二−・三50%

山口県｜**祝島**(いわいしま)｜上関町｜7.68㎢｜281人｜36.59人/㎢｜小3.2%・大19.2%・老77.6%｜農20%・漁24%・二11%・三46%

山口県｜**佐合島**(さごうじま)｜平生町｜1.32㎢｜9人｜6.82人/㎢｜個別算出不可｜農33%・漁−・二−・三33%

山口県｜**馬島**(うましま)｜田布施町｜0.7㎢｜24人｜34.29人/㎢｜小8.3%・大29.2%・老62.5%｜農−・漁36%・二27%・三36%

山口県｜**牛島**(うしま)｜光市｜1.9㎢｜26人｜13.68人/㎢｜小0.0%・大7.7%・老92.3%｜農−・漁71%・二−・三29%

山口県｜**笠戸島**(かさどしま)｜下松市｜11.67㎢｜1,027人｜88.00人/㎢｜小3.2%・大42.9%・老53.9%｜農3%・漁4%・二53%・三40%

山口県｜**粭島**(すくもじま)｜周南市｜3.33㎢｜240人｜72.07人/㎢｜小5.0%・大35.4%・老59.6%｜農−・漁13%・二29%・三51%

山口県｜**大津島**(おおづしま)｜周南市｜4.77㎢｜182人｜38.16人/㎢｜小0.5%・大24.7%・老74.7%｜農5%・漁12%・二12%・三61%

山口県｜**野島**(のしま)｜防府市｜0.73㎢｜71人｜97.26人/㎢｜小0.0%・大29.6%・老70.4%｜農−・漁46%・二−・三54%

山口県｜**向島**(むこうじま)｜防府市｜7.99㎢｜1,091人｜136.55人/㎢｜小3.8%・大45.9%・老50.2%｜不明

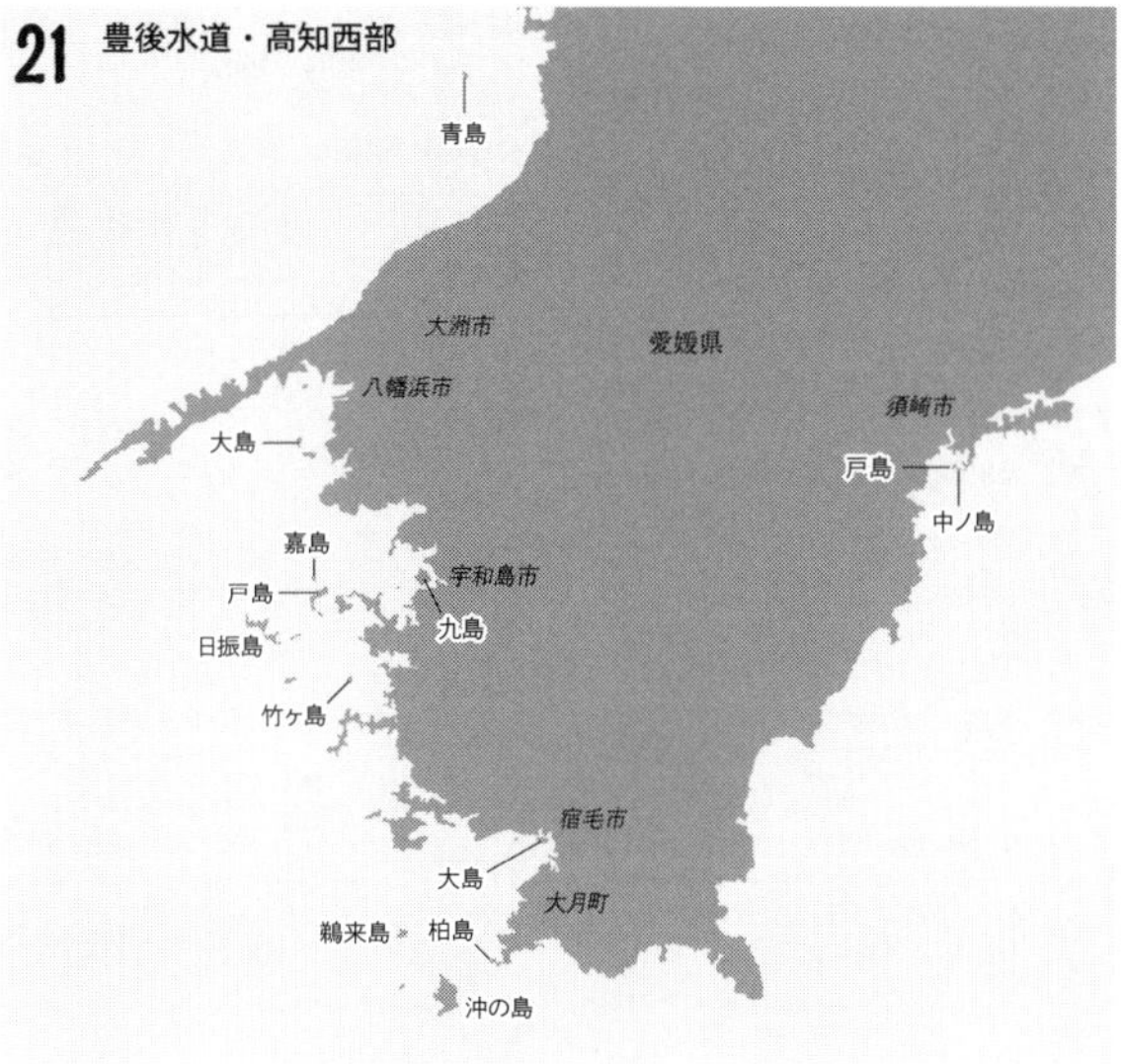

愛媛県｜**日振島**(ひぶりじま)｜宇和島市｜3.74㎢｜246人｜65.78人/㎢｜小6.1%・大45.9%・老48%｜農−・漁71%・二−・三29%

愛媛県｜**竹ケ島**(たけがしま)｜宇和島市｜0.5㎢｜12人｜24.00人/㎢｜小0.0%・大58.3%・老41.7%｜農−・漁94%・二−・三6%

高知県｜**中ノ島**(なかのしま)｜須崎市｜0.23㎢｜57人(※本土の一部と戸島の人口を含む)｜247.83人/㎢｜個別算出不可｜不明

高知県｜**戸島**(へしま)｜須崎市｜0.11㎢｜−人｜−人/㎢｜個別算出不可｜不明

高知県｜**柏島**(かしわじま)｜大月町｜0.57㎢｜225人｜394.74人/㎢｜個別算出不可｜農1%・漁32%・二11%・三56%

高知県｜**大島(宿毛大島)**(おおしま)｜宿毛市｜1.01㎢｜429人｜424.75人/㎢｜小5.0%・大37.9%・老57%｜農1%・漁16%・二31%・三53%

㉑ 豊後水道・高知西部

愛媛県｜**青島**(あおしま)｜大洲市｜0.49㎢｜5人｜10.20人/㎢｜個別算出不可｜農−・漁67%・二−・三33%

愛媛県｜**大島(八幡浜大島)**(おおしま)｜八幡浜市｜0.75㎢｜190人｜253.33人/㎢｜小0.5%・大29.5%・老70%｜農12%・漁45%・二13%・三30%

愛媛県｜**九島**(くしま)｜宇和島市｜3.37㎢｜729人｜216.32人/㎢｜小5.9%・大35.8%・老58.3%｜農24%・漁34%・二6%・三34%

愛媛県｜**嘉島**(かしま)｜宇和島市｜0.54㎢｜63人｜116.67人/㎢｜個別算出不可｜不明

愛媛県｜**戸島**(とじま)｜宇和島市｜2.75㎢｜216人｜78.55人/㎢｜小2.9%・大39.8%・老57.3%｜農1%・漁66%・二1%・三31%(嘉島を含む)

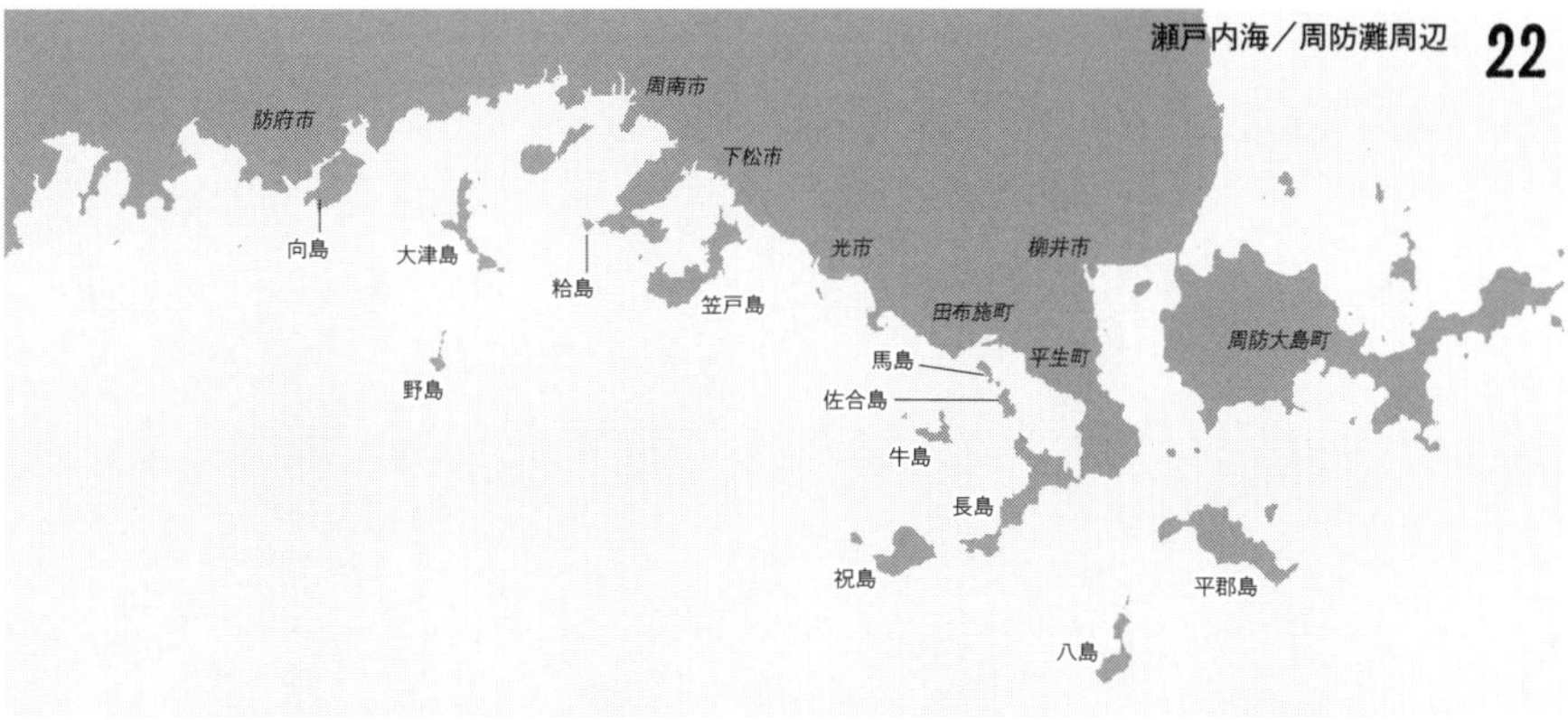

㉔ 玄海諸島・平戸諸島

佐賀県｜**高島**(たかしま)｜唐津市｜0.62㎢｜187人｜301.61人/㎢｜小2.7%・大35.3%・老62%｜農−・漁33%・二22%・三44%

佐賀県｜**神集島**(かしわじま)｜唐津市｜1.39㎢｜261人｜187.77人/㎢｜小1.5%・大34.1%・老64.4%｜農−・漁47%・二19%・三33%

佐賀県｜**加部島**(かべしま)｜唐津市｜2.71㎢｜458人｜169.00人/㎢｜小12.4%・大50.7%・老36.9%｜農33%・漁7%・二16%・三45%

佐賀県｜**小川島**(おがわしま)｜唐津市｜0.92㎢｜263人｜285.87人/㎢｜小4.6%・大40.3%・老55.1%｜農1%・漁42%・二9%・三49%

佐賀県｜**加唐島**(かからしま)｜唐津市｜2.83㎢｜117人｜41.34人/㎢｜小7.7%・大41%・老51.3%｜農7%・漁25%・二2%・三67%

佐賀県｜**松島**(まつしま)｜唐津市｜0.63㎢｜45人｜71.43人/㎢｜小7.0%・大62.8%・老30.2%｜農−・漁41%・二−・三59%

佐賀県｜**馬渡島**(まだらしま)｜唐津市｜4.24㎢｜280人｜66.04人/㎢｜小10.4%・大46.2%・老43.4%｜農1%・漁42%・二1%・三56%

佐賀県｜**向島**(むくしま)｜唐津市｜0.3㎢｜50人｜166.67人/㎢｜小2.0%・大42%・老56%｜農−・漁88%・二−・三13%

長崎県｜**福島**(ふくしま)｜松浦市｜16.94㎢｜2,379人｜140.44人/㎢｜小11.4%・大45.1%・老43.4%｜農9%・漁4%・二33%・三53%

長崎県｜**鷹島**(たかしま)｜松浦市｜16.18㎢｜1,669人｜103.15人/㎢｜小10.7%・大43.3%・老46%｜農18%・漁24%・二12%・三45%

福岡県｜**小呂島**(おろのしま)｜福岡市西区｜0.43㎢｜158人｜367.44人/㎢｜小12.7%・大60.1%・老27.2%｜農2%・漁40%・二1%・三37%

福岡県｜**姫島**(ひめしま)｜糸島市｜0.75㎢｜134人｜178.67人/㎢｜小11.9%・大53.7%・老34.3%｜農4%・漁53%・二−・三42%

長崎県｜**壱岐島**(いきのしま)｜壱岐市｜134.63㎢｜24,678人｜183.30人/㎢｜小13.0%・大48.4%・老38.6%｜農13%・漁7%・二15%・三64%(壱岐市全体)

長崎県｜**若宮島**(わかみやじま)｜壱岐市｜0.56㎢｜15人｜26.79人/㎢｜小0.0%・大100%・老0%｜不明

長崎県｜**大島**(おおしま)｜壱岐市｜1.17㎢｜93人｜79.49人/㎢｜小1.1%・大34.4%・老64.5%｜不明

長崎県｜**長島**(ながしま)｜壱岐市｜0.51㎢｜91人｜178.43人/㎢｜小5.5%・大58.2%・老36.3%｜不明

長崎県｜**原島**(はるしま)｜壱岐市｜0.53㎢｜71人｜133.96人/㎢｜小2.8%・大53.5%・老43.7%｜不明

福岡県｜**志賀島**(しかのしま)｜福岡市東区｜5.79㎢｜1,438人｜248.36人/㎢｜小6.3%・大45.2%・老48.5%｜農6%・漁10%・二16%・三59%

福岡県｜**能古島**(のこのしま)｜福岡市西区｜3.93㎢｜661人｜168.19人/㎢｜小10.5%・大43.9%・老45.6%｜農8%・漁3%・二9%・三70%

福岡県｜**玄界島**(げんかいじま)｜福岡市西区｜1.16㎢｜353人｜304.31人/㎢｜小7.1%・大43.7%・老49.1%｜農−・漁38%・二2%・三43%

長崎県｜**対馬島**(つしまじま)｜対馬市｜696.44㎢｜28,374人｜40.74人/㎢｜小11.6%・大49.8%・老38.6%｜農4%・漁15%・二13%・三67%(海栗島、赤島、泊島、沖ノ島を含む)

長崎県｜**海栗島**(うにじま)｜対馬市｜0.09㎢｜51人｜566.67人/㎢｜個別算出不可｜不明

長崎県｜**赤島**(あかしま)｜対馬市｜0.48㎢｜25人｜52.08人/㎢｜個別算出不可｜不明

長崎県｜**泊島**(とまりしま)｜対馬市｜0.1㎢｜9人｜90.00人/㎢｜個別算出不可｜不明

長崎県｜**沖ノ島**(おきのしま)｜対馬市｜2.64㎢｜18人｜6.82人/㎢｜個別算出不可｜不明

長崎県｜**島山島**(しまやまじま)｜対馬市｜4.84㎢｜25人｜5.17人/㎢｜小4.0%・大48%・老48%｜農7%・漁14%・二14%・三64%

㉓ 玄界灘周辺

山口県｜**角島**(つのしま)｜下関市｜3.84㎢｜650人｜169.27人/㎢｜小7.4%・大44.5%・老48.2%｜農10%・漁39%・二9%・三43%

山口県｜**蓋井島**(ふたおいじま)｜下関市｜2.32㎢｜84人｜36.21人/㎢｜小19.0%・大48.8%・老32.1%｜農4%・漁46%・二2%・三48%

山口県｜**六連島**(むつれじま)｜下関市｜0.69㎢｜72人｜104.35人/㎢｜小6.9%・大33.3%・老59.7%｜農65%・漁10%・二−・三23%

山口県｜**竹ノ子島**(たけのこじま)｜下関市｜0.18㎢｜159人｜883.33人/㎢｜小5.0%・大47.2%・老47.8%｜不明

山口県｜**彦島**(ひこじま)｜下関市｜10.58㎢｜23,606人｜2,231.19人/㎢｜小10.1%・大50.9%・老39%｜不明

福岡県｜**藍島**(あいのしま)｜北九州市小倉北区｜0.68㎢｜188人｜276.47人/㎢｜小5.6%・大51.7%・老42.7%｜農−・漁65%・二1%・三27%

福岡県｜**馬島**(うましま)｜北九州市小倉北区｜0.26㎢｜28人｜107.69人/㎢｜小0.0%・大42.9%・老57.1%｜農11%・漁85%・二−・三−

福岡県｜**地島**(じのしま)｜宗像市｜1.62㎢｜122人｜75.31人/㎢｜小10.7%・大49.2%・老40.2%｜農−・漁50%・二−・三50%

福岡県｜**大島(宗像大島)**(おおしま)｜宗像市｜7.21㎢｜540人｜74.90人/㎢｜小11.0%・大39.9%・老49.1%｜農−・漁60%・二−・三40%

福岡県｜**相島**(あいのしま)｜新宮町｜1.22㎢｜215人｜176.23人/㎢｜小7.4%・大32.1%・老60.5%｜農1%・漁45%・二5%・三46%

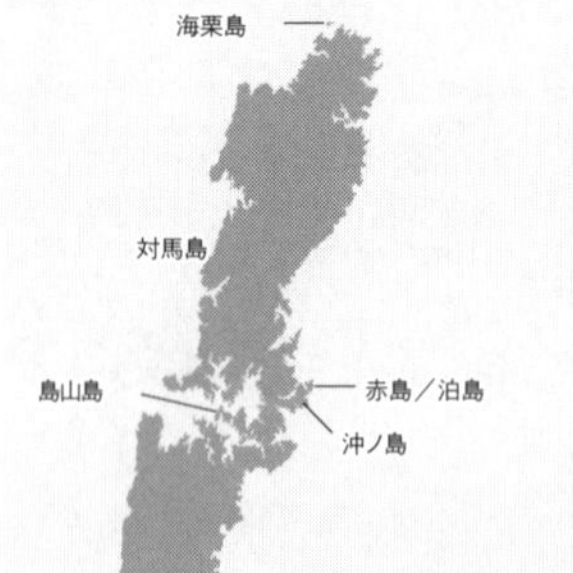

玄界灘周辺 **23**

長崎県｜高島(たかしま)｜佐世保市｜2.67㎢｜162人｜60.67人/㎢｜小10.5%・大53.1%・老36.4%｜農2%・漁77%・二5%・三16%

長崎県｜黒島(くろしま)｜佐世保市｜4.66㎢｜384人｜82.40人/㎢｜小7.6%・大39.8%・老52.6%｜農11%・漁37%・二7%・三45%

長崎県｜針尾島(はりおじま)｜佐世保市｜33.16㎢｜9,017人｜271.92人/㎢｜個別算出不可｜不明

長崎県｜大島(おおしま)｜佐世保市｜0.4㎢｜387人｜967.50人/㎢｜個別算出不可｜不明

長崎県｜竹ノ島(たけのしま)｜西海市｜0.08㎢｜島別統計なし｜不明｜個別算出不可｜不明

長崎県｜寺島(てらしま)｜西海市｜4.83㎢｜202人｜41.82人/㎢｜小10.9%・大51.5%・老37.6%｜農1%・漁3%・二10%・三81%

長崎県｜大島(おおしま)｜西海市｜12.08㎢｜4,754人｜393.54人/㎢｜小10.4%・大56.1%・老33.5%｜農2%・漁1%・二56%・三41%

長崎県｜蠣浦島(かきのうらしま)｜西海市｜4.75㎢｜871人｜183.37人/㎢｜小5.5%・大47.4%・老47.1%｜農1%・漁5%・二34%・三59%

長崎県｜崎戸島(さきとじま)｜西海市｜0.41㎢｜106人｜258.54人/㎢｜個別算出不可｜農－・漁10%・二23%・三67%

長崎県｜江島(えのしま)｜西海市｜2.59㎢｜100人｜38.61人/㎢｜小3.0%・大39%・老58%｜農－・漁33%・二4%・三63%

長崎県｜平島(ひらしま)｜西海市｜5.46㎢｜143人｜26.19人/㎢｜小3.5%・大34.3%・老62.2%｜農－・漁38%・二2%・三59%

長崎県｜南串島(なぐしじま)｜西海市｜0.7㎢｜島別統計なし｜不明｜個別算出不可｜不明

長崎県｜松島(まつしま)｜西海市｜6.37㎢｜496人｜77.86人/㎢｜小6.5%・大39.8%・老53.7%｜農2%・漁2%・二20%・三77%

長崎県｜池島(いけしま)｜長崎市｜1.08㎢｜106人｜98.15人/㎢｜小1.9%・大38.5%・老59.6%｜農－・漁－・二21%・三79%

長崎県｜鵜瀬島(うせじま)｜長崎市｜0.25㎢｜18人｜72.00人/㎢｜個別算出不可｜不明

長崎県｜前島(まえじま)｜時津町｜0.26㎢｜5人｜19.23人/㎢｜個別算出不可｜不明

長崎県｜伊王島(いおうじま)｜長崎市｜1.21㎢｜196人｜161.98人/㎢｜小9.2%・大31.6%・老59.2%｜農－・漁5%・二23%・三70%(沖之島を含む)

長崎県｜沖之島(おきのしま)｜長崎市｜0.95㎢｜421人｜443.16人/㎢｜小5.1%・大38.8%・老56.1%｜不明

長崎県｜高島(たかしま)｜長崎市｜1.19㎢｜324人｜272.27人/㎢｜小9.3%・大41.3%・老49.4%｜農5%・漁9%・二5%・三72%

長崎県｜樺島(かばしま)｜長崎市｜2.32㎢｜422人｜181.90人/㎢｜小3.3%・大39.6%・老57.1%｜農－・漁17%・二33%・三49%

長崎県｜牧島(まきしま)｜長崎市｜1.62㎢｜759人｜468.52人/㎢｜小10.0%・大49.7%・老40.2%｜農7%・漁12%・二28%・三47%

長崎県｜鹿島(かしま)｜諫早市｜0.16㎢｜7人｜43.75人/㎢｜個別算出不可｜不明

佐賀県｜竹崎島(たけざきしま)｜太良町｜0.56㎢｜508人｜907.14人/㎢｜小12.2%・大54.1%・老33.7%｜島別統計なし｜不明

24 玄海諸島・平戸諸島

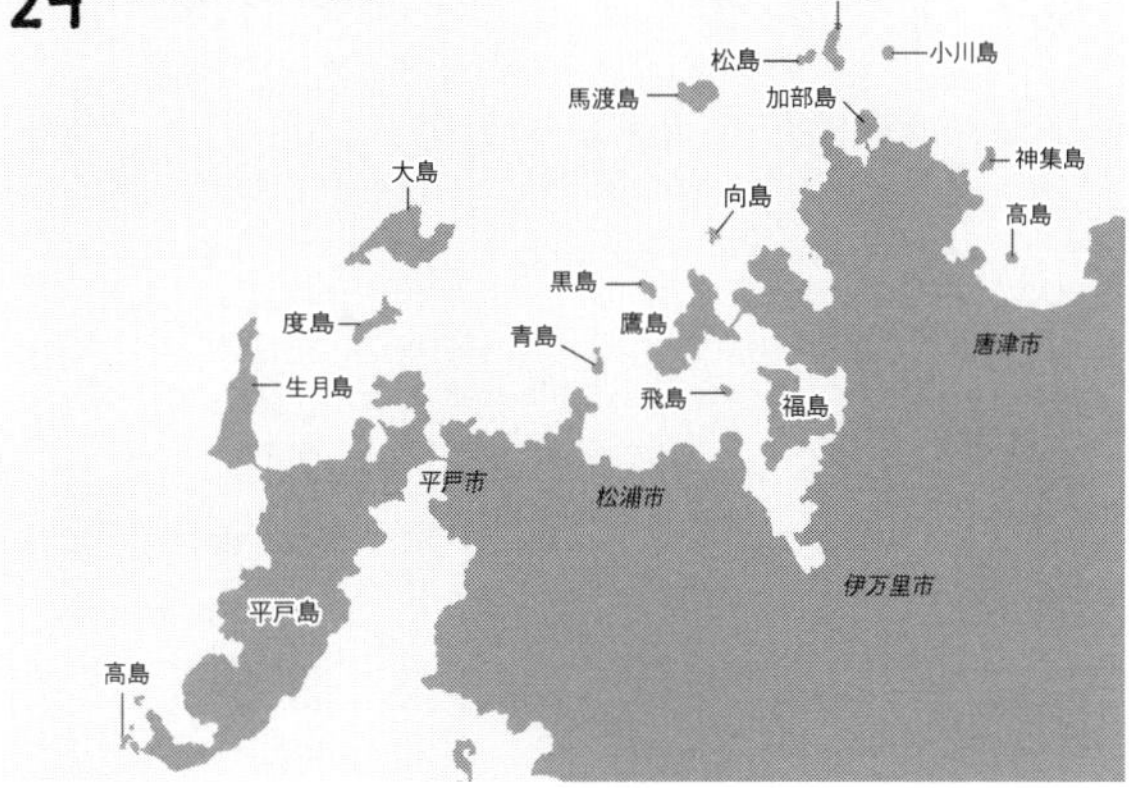

長崎県｜平戸島(ひらどしま)｜平戸市｜163.4㎢｜16,240人｜99.39人/㎢｜小12.0%・大47.2%・老40.8%｜農11%・漁8%・二18%・三61%

長崎県｜高島(たかしま)｜平戸市｜0.25㎢｜21人｜84.00人/㎢｜小9.5%・大47.6%・老42.9%｜農－・漁67%・二－・三－

長崎県｜生月島(いきつきじま)｜平戸市｜16.55㎢｜4,852人｜293.17人/㎢｜小7.7%・大44.6%・老47.7%｜農8%・漁13%・二16%・三63%

長崎県｜黒島(くろしま)｜松浦市｜0.82㎢｜32人｜39.02人/㎢｜小0.0%・大18.8%・老81.3%｜農71%・漁11%・二7%・三11%

長崎県｜飛島(とびしま)｜松浦市｜0.5㎢｜33人｜66.00人/㎢｜小0.0%・大30.3%・老69.7%｜農－・漁92%・二8%・三－

長崎県｜青島(あおしま)｜松浦市｜0.9㎢｜182人｜202.22人/㎢｜小9.4%・大37.6%・老53%｜農5%・漁58%・二5%・三31%

長崎県｜大島(的山大島)(おおしま)｜平戸市｜15.16㎢｜933人｜61.54人/㎢｜小9.0%・大43%・老48%｜農26%・漁14%・二13%・三47%

長崎県｜度島(たくしま)｜平戸市｜3.57㎢｜620人｜173.67人/㎢｜小11.5%・大51.9%・老36.6%｜農7%・漁37%・二7%・三47%

㉕ 西彼杵半島周辺

長崎県｜前島(まえじま)｜佐世保市｜0.31㎢｜島別統計なし｜不明｜個別算出不可｜不明

長崎県｜騖泊島(とうどまりじま)｜佐世保市｜0.1㎢｜島別統計なし｜不明｜個別算出不可｜不明

25 西彼杵半島周辺

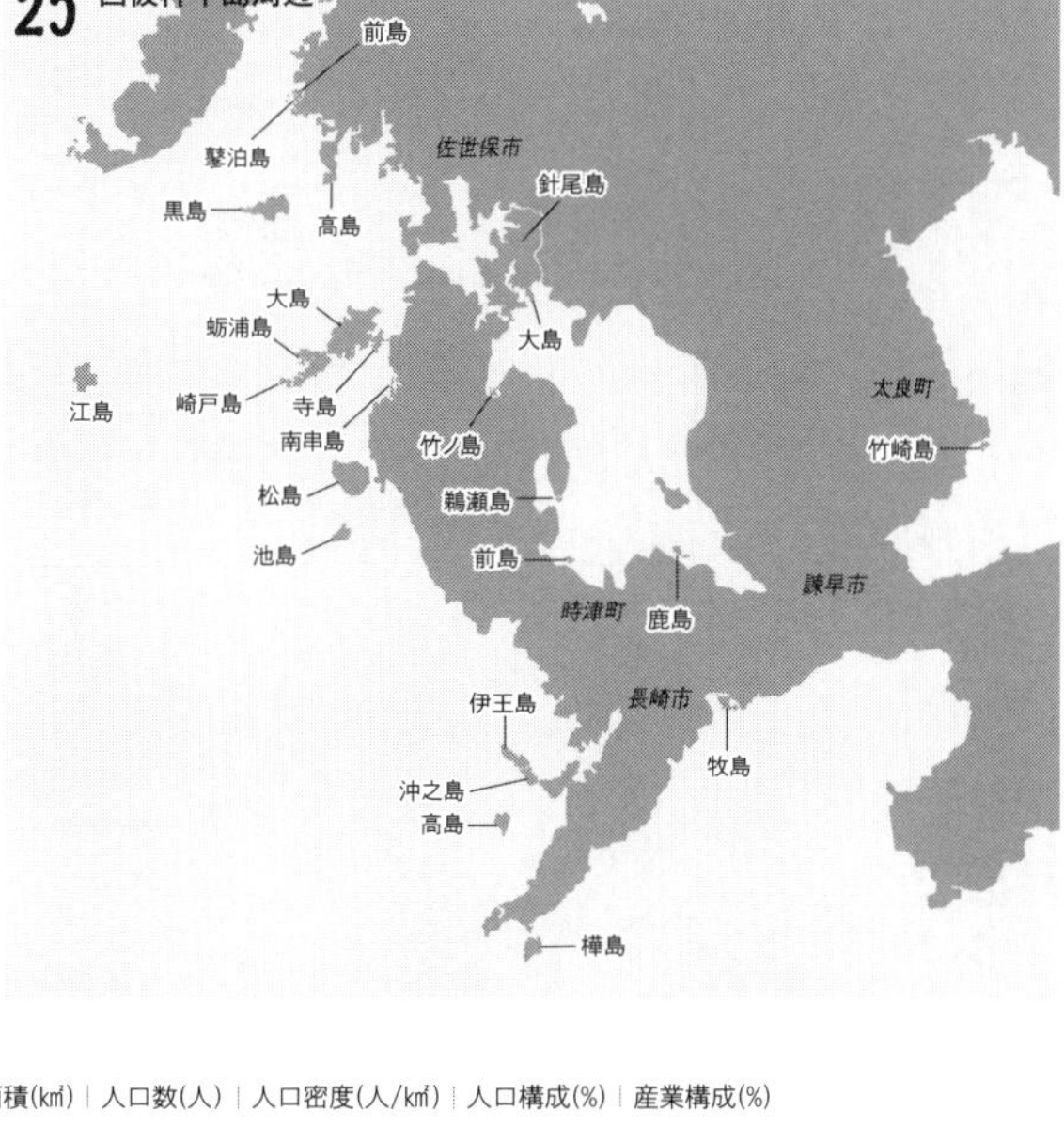

 凡例：都道県｜島名(よみ)｜自治体名｜面積(㎢)｜人口数(人)｜人口密度(人/㎢)｜人口構成(%)｜産業構成(%)

26 五島列島

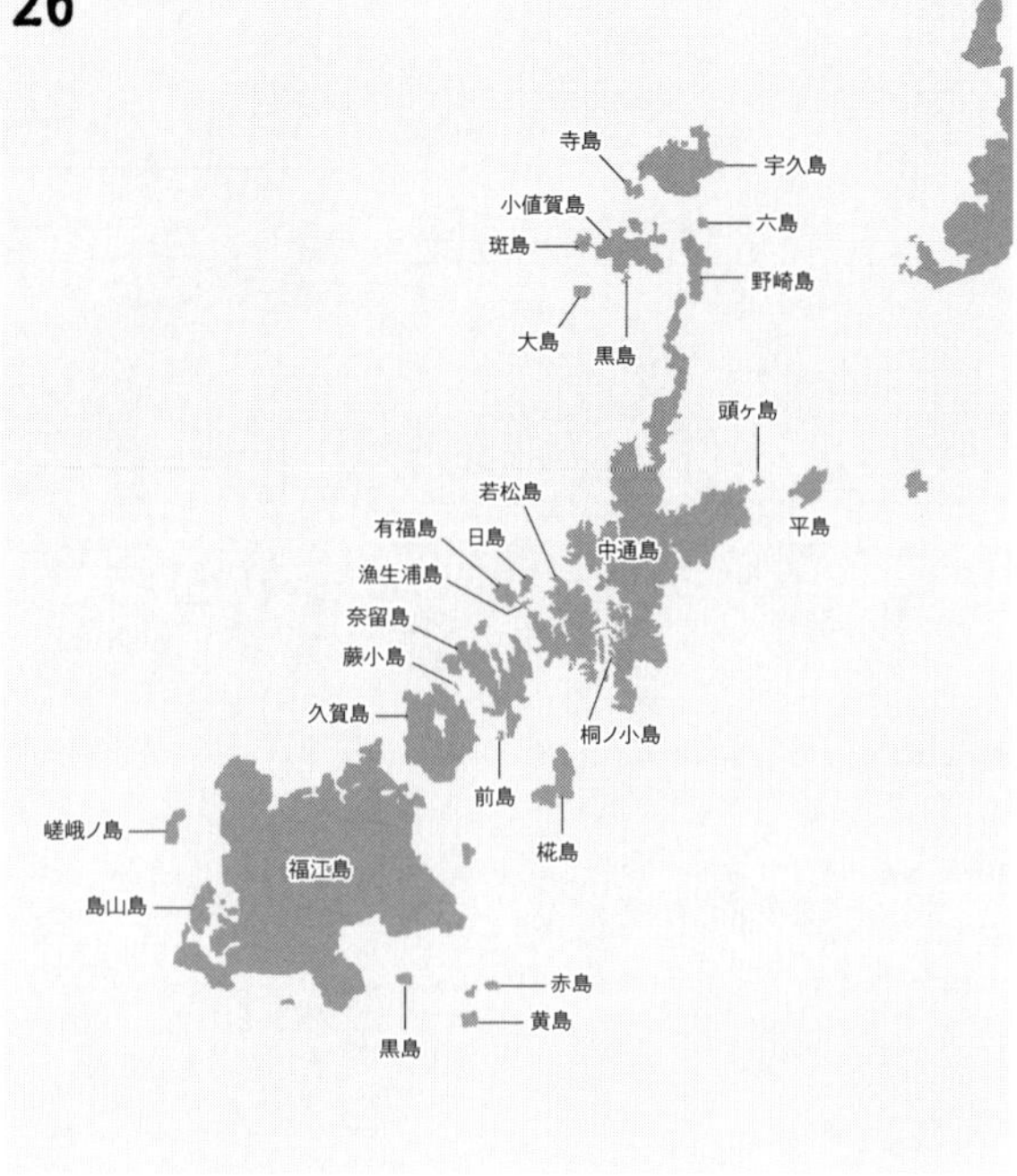

㉖ 五島列島

長崎県｜**宇久島**(うくじま)｜佐世保市｜24.94㎢｜1,879人｜75.34人/㎢｜小4.8%・大36.9%・老58.3%｜農20%・漁6%・二10%・三63%

長崎県｜**寺島**(てらしま)｜佐世保市｜1.3㎢｜9人｜6.92人/㎢｜個別算出不可｜不明

長崎県｜**六島**(むしま)｜小値賀町｜0.69㎢｜1人｜1.45人/㎢｜個別算出不可｜不明

長崎県｜**野崎島**(のざきじま)｜小値賀町｜7.11㎢｜1人｜0.14人/㎢｜個別算出不可｜不明

長崎県｜**納島**(のうしま)｜小値賀町｜0.65㎢｜19人｜29.23人/㎢｜小0.0%・大23.8%・老76.2%｜農56%・漁22%・二–・三22%

長崎県｜**小値賀島**(おぢかじま)｜小値賀町｜12.27㎢｜2,017人｜164.38人/㎢｜小9.1%・大42.5%・老48.4%｜農19%・漁9%・二9%・三63%

長崎県｜**斑島**(まだらしま)｜小値賀町｜1.58㎢｜151人｜95.57人/㎢｜小2.0%・大25.8%・老72.2%｜農10%・漁53%・二7%・三29%

長崎県｜**黒島**(くろしま)｜小値賀町｜0.24㎢｜38人｜158.33人/㎢｜小0.0%・大18.4%・老81.6%｜農–・漁56%・二11%・三33%

長崎県｜**大島**(おおしま)｜小値賀町｜0.71㎢｜61人｜85.92人/㎢｜小16.4%・大34.4%・老49.2%｜農50%・漁18%・二4%・三29%

長崎県｜**中通島**(なかどおりじま)｜新上五島町｜168.31㎢｜16,113人｜95.73人/㎢｜小9.2%・大48.9%・老41.9%｜農1%・漁9%・二17%・三73%

長崎県｜**頭ケ島**(かしらがしま)｜新上五島町｜1.86㎢｜13人｜6.99人/㎢｜小0.0%・大30.8%・老69.2%｜農–・漁–・二50%・三50%

長崎県｜**桐ノ小島**(きりのこじま)｜新上五島町｜0.04㎢｜6人｜150.00人/㎢｜個別算出不可｜不明

長崎県｜**若松島**(わかまつじま)｜新上五島町｜31.13㎢｜1,218人｜39.13人/㎢｜小5.9%・大41.6%・老52.5%｜農0%・漁13%・二15%・三72%

長崎県｜**日ノ島 (日島)** (ひのしま)｜新上五島町｜1.39㎢｜27人｜19.42人/㎢｜小0.0%・大44.4%・老55.6%｜農–・漁33%・二11%・三56%

長崎県｜**有福島**(ありふくじま)｜新上五島町｜2.97㎢｜100人｜33.67人/㎢｜小6.0%・大38%・老56%｜農–・漁65%・二3%・三33%

長崎県｜**漁生浦島**(りょうぜがうらしま)｜新上五島町｜0.65㎢｜26人｜40.00人/㎢｜小19.2%・大34.6%・老46.2%｜農–・漁71%・二–・三29%

長崎県｜**奈留島**(なるしま)｜五島市｜23.65㎢｜1,927人｜81.48人/㎢｜小4.3%・大41%・老54.7%｜農–・漁24%・二8%・三68%(奈留島を含む)

長崎県｜**前島**(まえしま)｜五島市｜0.47㎢｜23人｜48.94人/㎢｜小0.0%・大26.1%・老73.9%｜不明

長崎県｜**蕨小島**(わらびこじま)｜五島市｜0.03㎢｜7人｜233.33人/㎢｜個別算出不可｜不明

長崎県｜**久賀島**(ひさかじま)｜五島市｜37.23㎢｜257人｜6.90人/㎢｜小8.0%・大36%・老56.1%｜農27%・漁31%・二2%・三36%(蕨小島を含む)

長崎県｜**椛島**(かばしま)｜五島市｜8.68㎢｜95人｜10.94人/㎢｜小0.0%・大35.8%・老64.2%｜農2%・漁37%・二8%・三53%

長崎県｜**福江島**(ふくえじま)｜五島市｜326.31㎢｜31,945人｜97.90人/㎢｜小11.0%・大49.3%・老39.8%｜農10%・漁4%・二13%・三71%

長崎県｜**赤島**(あかしま)｜五島市｜0.52㎢｜10人｜19.23人/㎢｜個別算出不可｜不明

長崎県｜**黄島**(おうしま)｜五島市｜1.39㎢｜32人｜23.02人/㎢｜小3.1%・大28.1%・老68.8%｜農–・漁29%・二–・三71%

長崎県｜**黒島**(くろしま)｜五島市｜1.12㎢｜1人｜0.89人/㎢｜個別算出不可｜不明

長崎県｜**島山島**(しまやまじま)｜五島市｜5.52㎢｜15人｜2.72人/㎢｜個別算出不可｜不明

長崎県｜**嵯峨島**(さがのしま)｜五島市｜3.18㎢｜79人｜24.84人/㎢｜小3.8%・大57%・老39.2%｜農–・漁55%・二–・三45%

27 瀬戸内海／姫島

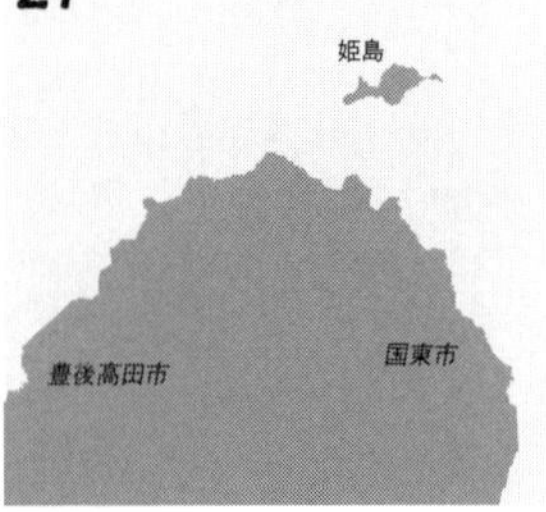

㉗ 瀬戸内海／姫島

大分県｜**姫島**(ひめしま)｜姫島村｜6.87㎢｜1,725人｜251.09人/㎢｜小7.7%・大37.7%・老54.6%｜農1%・漁24%・二14%・三61%

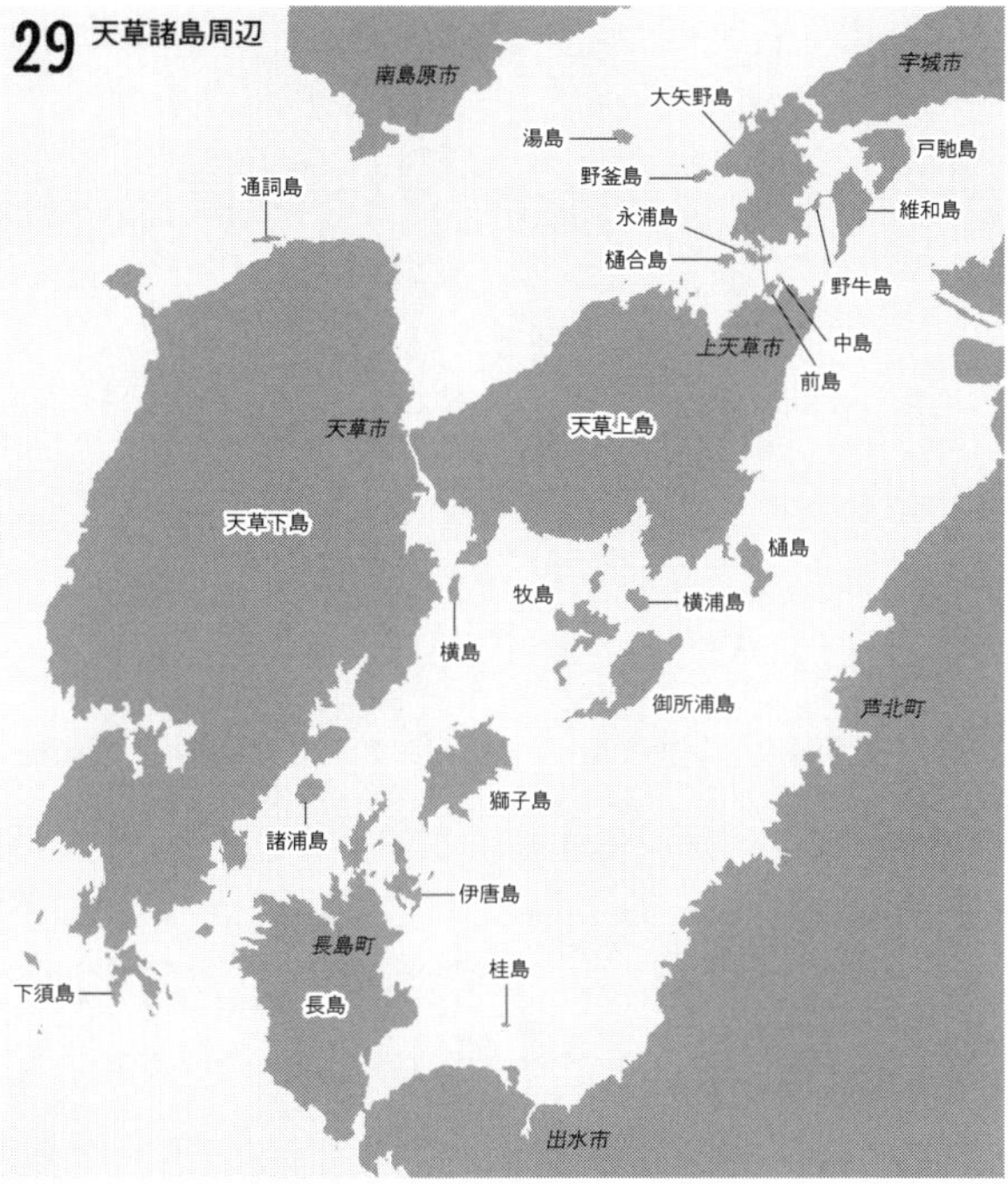

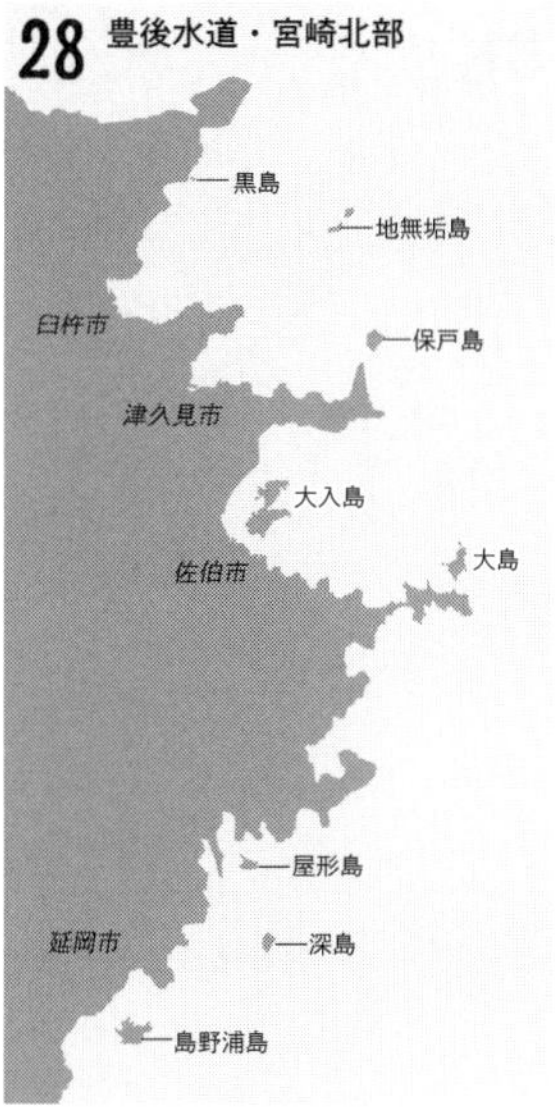

熊本県｜**牧島**(まきしま)｜天草市｜5.57㎢｜267人｜47.94人/㎢｜小12.7%・大40.8%・老46.4%｜農1%・漁33%・二15%・三51%

熊本県｜**横浦島**(よこうらじま)｜天草市｜1.12㎢｜512人｜457.14人/㎢｜小7.8%・大39.3%・老52.9%｜農-・漁37%・二12%・三51%

熊本県｜**通詞島**(つうじしま)｜天草市｜0.6㎢｜495人｜825.00人/㎢｜個別算出不可｜不明

熊本県｜**横島**(よこしま)｜天草市｜0.83㎢｜1人｜1.20人/㎢｜個別算出不可｜不明

熊本県｜**下須島**(げすしま)｜天草市｜4.52㎢｜850人｜188.05人/㎢｜小5.6%・大38.6%・老55.8%｜農4%・漁27%・二22%・三47%

熊本県｜**天草下島**(あまくさしもじま)｜天草市・苓北町｜642.51㎢｜65,937人｜102.62人/㎢｜小11.5%・大48.7%・老39.7%｜農8%・漁4%・二16%・三72%

鹿児島県｜**獅子島**(ししじま)｜長島町｜17.05㎢｜647人｜37.95人/㎢｜小13.9%・大43.1%・老43%｜農21%・漁49%・二7%・三22%

鹿児島県｜**伊唐島**(いからじま)｜長島町｜3.71㎢｜247人｜66.58人/㎢｜個別算出不可｜不明

鹿児島県｜**諸浦島**(しょうらしま)｜長島町｜3.87㎢｜369人｜95.35人/㎢｜個別算出不可｜農3%・漁59%・二9%・三29%

鹿児島県｜**長島**(ながしま)｜長島町｜90.62㎢｜8,442人｜93.16人/㎢｜小14.3%・大49.6%・老36.1%｜農28%・漁8%・二20%・三44%(伊唐島を含む)

鹿児島県｜**桂島**(かつらじま)｜出水市｜0.33㎢｜12人｜36.36人/㎢｜個別算出不可｜不明

熊本県｜**湯島**(ゆしま)｜上天草市｜0.52㎢｜261人｜501.92人/㎢｜小5.4%・大34.5%・老60.2%｜農19%・漁31%・二-・三51%

熊本県｜**野釜島**(のがまじま)｜上天草市｜0.32㎢｜252人｜787.50人/㎢｜個別算出不可｜不明

熊本県｜**野牛島**(やぎゅうじま)｜上天草市｜0.12㎢｜島別統計なし｜不明｜個別算出不可｜不明

熊本県｜**永浦島**(ながうらじま)｜上天草市｜0.79㎢｜143人｜181.01人/㎢｜個別算出不可｜不明

熊本県｜**樋合島**(ひあいじま)｜上天草市｜0.79㎢｜179人｜226.58人/㎢｜個別算出不可｜不明

熊本県｜**前島**(まえじま)｜上天草市｜0.43㎢｜102人｜237.21人/㎢｜個別算出不可｜不明

熊本県｜**中島**(なかじま)｜上天草市｜0.21㎢｜4人｜19.05人/㎢｜個別算出不可｜不明

熊本県｜**樋島**(ひのしま)｜上天草市｜3.45㎢｜973人｜282.03人/㎢｜小7.5%・大39.7%・老52.8%｜農-・漁9%・二14%・三76%

熊本県｜**天草上島**(あまくさかみしま)｜上天草市・天草市｜㎢｜23,772人｜人/㎢｜小9.9%・大45%・老45.1%｜農10%・漁4%・二22%・三64%

熊本県｜**御所浦島**(ごしょうらじま)｜天草市｜12.53㎢｜1,539人｜122.83人/㎢｜小7.5%・大37%・老55.4%｜農3%・漁26%・二16%・三54%

㉘ 豊後水道・宮崎北部

大分県｜**黒島**(くろしま)｜臼杵市｜0.2㎢｜-人｜-人/㎢｜小-%・大-%・老-%｜不明

大分県｜**地無垢島**(じむくしま)｜津久見市｜0.29㎢｜28人｜96.55人/㎢｜小0.0%・大10.7%・老89.3%｜農-・漁100%・二-・三-

大分県｜**保戸島**(ほとじま)｜津久見市｜0.86㎢｜536人｜623.26人/㎢｜小0.2%・大21.1%・老78.7%｜農-・漁31%・二1%・三68%

大分県｜**大入島**(おおにゅうじま)｜佐伯市｜5.65㎢｜542人｜95.93人/㎢｜小1.7%・大28.4%・老69.9%｜農0%・漁33%・二25%・三41%

大分県｜**大島**(おおしま)｜佐伯市｜1.6㎢｜87人｜54.38人/㎢｜小1.1%・大17.2%・老81.6%｜農-・漁70%・二5%・三25%

大分県｜**屋形島**(やかたじま)｜佐伯市｜1.06㎢｜15人｜14.15人/㎢｜個別算出不可｜農-・漁100%・二-・三-

大分県｜**深島**(ふかしま)｜佐伯市｜1.1㎢｜17人｜15.45人/㎢｜個別算出不可｜農-・漁100%・二-・三-

宮崎県｜**島野浦島**(しまのうらしま)｜延岡市｜2.85㎢｜710人｜249.12人/㎢｜小7.2%・大43.7%・老49.2%｜農-・漁37%・二31%・三32%

㉙ 天草諸島周辺

熊本県｜**戸馳島**(とばせじま)｜宇城市｜6.95㎢｜1,103人｜158.71人/㎢｜小8.9%・大45.1%・老46%｜農34%・漁2%・二18%・三45%

熊本県｜**大矢野島**(おおやのじま)｜上天草市｜30.2㎢｜11,090人｜367.22人/㎢｜小11.3%・大49.9%・老38.7%｜農10%・漁7%・二19%・三63%(維和島・野釜島を含む)

熊本県｜**維和島**(いわじま)｜上天草市｜6.55㎢｜1,083人｜165.34人/㎢｜小9.5%・大42.2%・老48.3%｜不明

凡例：都道府県｜島名(よみ)｜自治体名｜面積(㎢)｜人口数(人)｜人口密度(人/㎢)｜人口構成(%)｜産業構成(%)

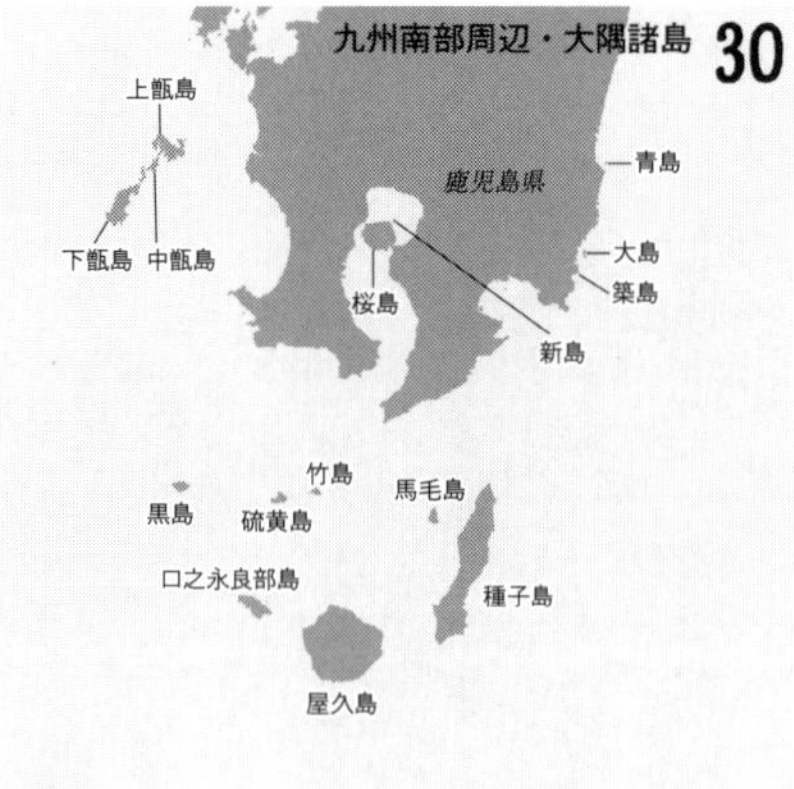

32 奄美大島南部

鹿児島県|**加計呂麻島**(かけろまじま)|瀬戸内町|77.25㎢|1,080人|13.98人/㎢|小9.4%・大36.6%・老54.1%|農3%・漁6%・二14%・三76%

鹿児島県|**請島**(うけしま)|瀬戸内町|13.34㎢|77人|5.77人/㎢|小3.9%・大31.2%・老64.9%|農24%・漁－・二7%・三69%

鹿児島県|**与路島**(よろしま)|瀬戸内町|9.35㎢|70人|7.49人/㎢|小14.3%・大44.3%・老41.4%|農36%・漁－・二5%・三60%

31 トカラ列島・奄美群島

鹿児島県|**口之島**(くちのしま)|十島村|13.33㎢|103人|7.73人/㎢|小8.7%・大44.7%・老46.6%|農27%・漁6%・二17%・三49%

鹿児島県|**中之島**(なかのしま)|十島村|34.42㎢|146人|4.24人/㎢|小19.2%・大48.6%・老32.2%|農15%・漁4%・二30%・三51%

鹿児島県|**諏訪之瀬島**(すわのせじま)|十島村|27.61㎢|78人|2.83人/㎢|小28.2%・大52.6%・老19.2%|農22%・漁3%・二3%・三72%

鹿児島県|**平島**(たいらじま)|十島村|2.08㎢|107人|51.44人/㎢|小21.5%・大55.1%・老23.4%|農22%・漁8%・二6%・三64%

鹿児島県|**悪石島**(あくせきじま)|十島村|7.49㎢|90人|12.02人/㎢|小18.9%・大62.2%・老18.9%|農36%・漁4%・二13%・三47%

鹿児島県|**小宝島**(こだからじま)|十島村|1㎢|69人|69.00人/㎢|小24.6%・大53.6%・老21.7%|農15%・漁7%・二7%・三70%

鹿児島県|**宝島**(たからじま)|十島村|7.07㎢|147人|20.79人/㎢|小18.4%・大56.5%・老25.2%|農33%・漁1%・二17%・三49%

鹿児島県|**奄美大島**(あまみおおしま)|奄美市・大和村・宇検村・龍郷町・瀬戸内町|712.35㎢|57,511人|80.73人/㎢|小13.7%・大52.8%・老33.5%|農4%・漁2%・二15%・三79%

鹿児島県|**喜界島**(きかいじま)|喜界町|56.76㎢|6,629人|116.79人/㎢|小12.5%・大47.2%・老40.3%|農21%・漁1%・二14%・三64%

鹿児島県|**徳之島**(とくのしま)|徳之島町・天城町・伊仙町|247.85㎢|21,803人|87.97人/㎢|小15.1%・大49.4%・老35.5%|農23%・漁0%・二13%・三63%

鹿児島県|**沖永良部島**(おきのえらぶじま)|和泊町・知名町|93.65㎢|11,996人|128.09人/㎢|小14.2%・大48.7%・老37.1%|農30%・漁0%・二13%・三57%

鹿児島県|**与論島**(よろんじま)|与論町|20.56㎢|5,115人|248.78人/㎢|小14.6%・大50.4%・老35%|農28%・漁2%・二15%・三55%

30 九州南部周辺・大隅諸島

宮崎県|**青島**(あおしま)|宮崎市|0.04㎢|7人|175.00人/㎢|個別算出不可|不明

宮崎県|**大島**(おおしま)|日南市|2.09㎢|0人|0.00人/㎢|小0.0%・大0.0%・老0.0%|不明

宮崎県|**築島**(つきしま)|串間市|0.24㎢|9人|37.50人/㎢|個別算出不可|農－・漁100%・二－・三－

鹿児島県|**上甑島**(かみこしきしま)|薩摩川内市|44.2㎢|1,862人|42.13人/㎢|小9.3%・大38.3%・老52.4%|農2%・漁9%・二20%・三68%

鹿児島県|**中甑島**(なかこしきしま)|薩摩川内市|7.28㎢|186人|25.55人/㎢|小3.2%・大41.9%・老54.8%|農－・漁15%・二18%・三67%

鹿児島県|**下甑島**(しもこしきしま)|薩摩川内市|65.56㎢|1,935人|29.51人/㎢|小9.0%・大42.3%・老48.7%|農1%・漁10%・二16%・三72%

鹿児島県|**新島**(しんじま)|鹿児島市|0.13㎢|2人|15.38人/㎢|個別算出不可|不明

鹿児島県|**馬毛島**(まげしま)|西之表市|8.17㎢|2人|0.24人/㎢|個別算出不可|不明

鹿児島県|**種子島**(たねがしま)|西之表市・中種子町・南種子町|444.3㎢|27,690人|62.32人/㎢|小12.6%・大49.3%・老38%|農28%・漁1%・二12%・三59%

鹿児島県|**屋久島**(やくしま)|屋久島町|504.29㎢|11,765人|23.33人/㎢|小13.5%・大50.1%・老36.4%|農10%・漁2%・二15%・三73%

鹿児島県|**口永良部島**(くちのえらぶじま)|屋久島町|㎢|93人|人/㎢|小16.1%・大41.9%・老41.9%|農17%・漁5%・二4%・三74%

鹿児島県|**竹島**(たけしま)|三島村|4.22㎢|72人|17.06人/㎢|小26.4%・大51.4%・老22.2%|農16%・漁3%・二2%・三79%

鹿児島県|**硫黄島**(いおうじま)|三島村|11.63㎢|139人|11.95人/㎢|小20.9%・大54.7%・老24.5%|農20%・漁－・二17%・三63%

鹿児島県|**黒島**(くろしま)|三島村|15.39㎢|194人|12.61人/㎢|小24.2%・大46.4%・老29.4%|農15%・漁4%・二23%・三58%

33 沖縄諸島周辺・大東諸島

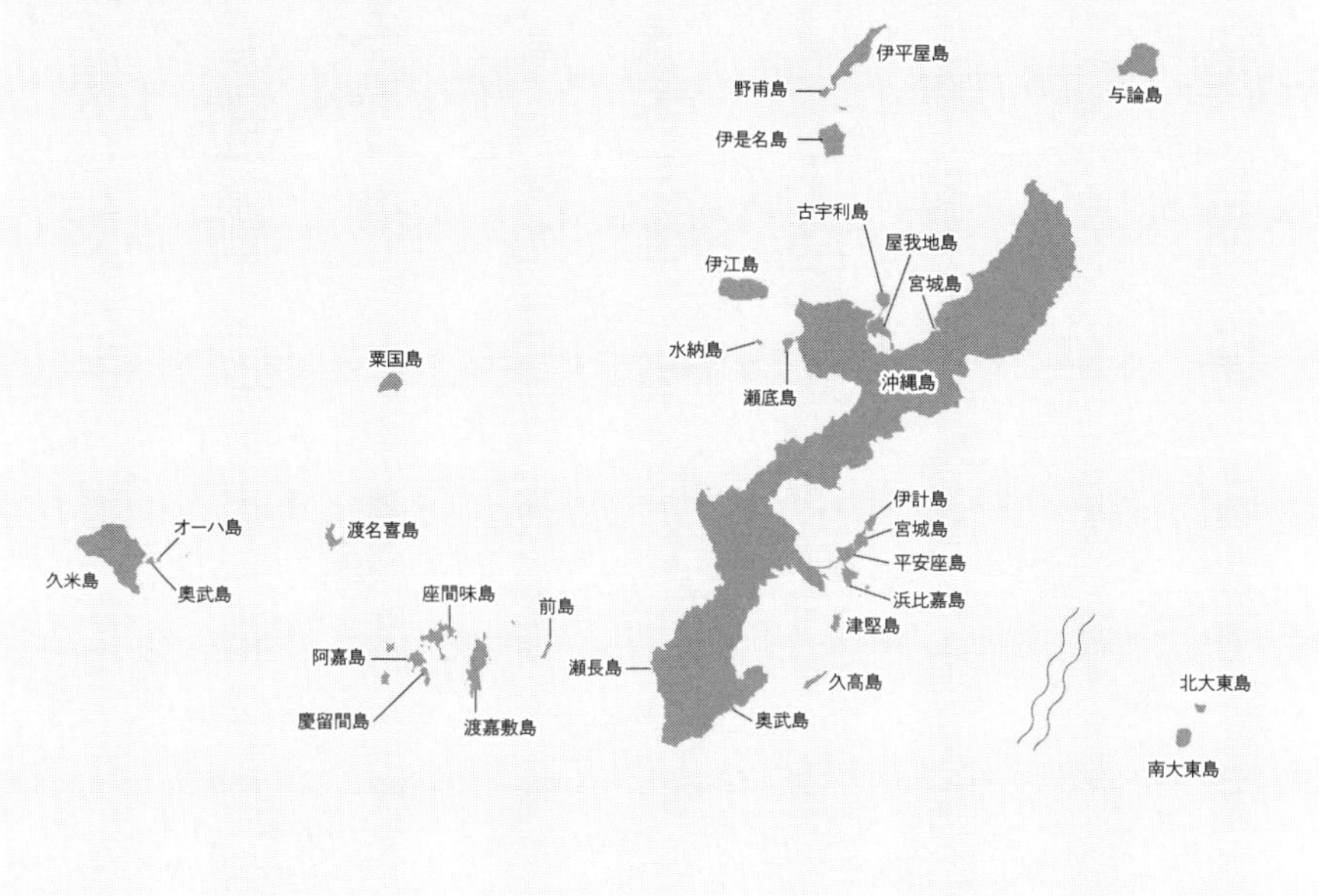

沖縄県｜**座間味島**(ざまみじま)｜座間味村｜6.7㎢｜581人｜86.72人/㎢｜小17.7%・大62%・老20.3%｜農-・漁2%・二5%・三93%

沖縄県｜**阿嘉島**(あかしま)｜座間味村｜3.8㎢｜247人｜65.00人/㎢｜小13.8%・大61.5%・老24.7%｜農-・漁2%・二8%・三90%

沖縄県｜**慶留間島**(げるまじま)｜座間味村｜1.15㎢｜64人｜55.65人/㎢｜小35.9%・大51.6%・老12.5%｜農-・漁-・二-・三100%

沖縄県｜**前島**(まえじま)｜渡嘉敷村｜1.59㎢｜0人｜0.00人/㎢｜小0.0%・大0.0%・老0.0%｜不明

沖縄県｜**渡嘉敷島**(とかしきじま)｜渡嘉敷村｜15.31㎢｜718人｜46.90人/㎢｜小19.2%・大60.4%・老20.3%｜農2%・漁2%・二7%・三89%

沖縄県｜**久米島**(くめじま)｜久米島町｜59.53㎢｜7,155人｜120.19人/㎢｜小14.9%・大55.2%・老29.9%｜農22%・漁5%・二15%・三58%

沖縄県｜**奥武島**(おうじま)｜久米島町｜0.63㎢｜29人｜46.03人/㎢｜小27.0%・大59.5%・老13.5%｜不明

沖縄県｜**オーハ島**(おーはじま)｜久米島町｜0.37㎢｜8人｜21.62人/㎢｜個別算出不可｜不明

沖縄県｜**北大東島**(きただいとうじま)｜北大東村｜11.93㎢｜590人｜49.46人/㎢｜小16.6%・大61.9%・老21.5%｜農13%・漁-・二39%・三48%

沖縄県｜**南大東島**(みなみだいとうじま)｜南大東村｜30.53㎢｜1,285人｜42.09人/㎢｜小15.7%・大59.7%・老24.6%｜農25%・漁1%・二30%・三43%

沖縄県｜**平安座島**(へんざじま)｜うるま市｜5.44㎢｜1,129人｜207.54人/㎢｜小10.6%・大52.9%・老36.4%｜農0%・漁1%・二27%・三64%

沖縄県｜**宮城島**(みやぎじま)｜大宜味村｜5.54㎢｜94人｜16.97人/㎢｜小6.4%・大64.9%・老28.7%｜農12%・漁2%・二14%・三73%

沖縄県｜**伊計島**(いけいじま)｜うるま市｜1.72㎢｜253人｜147.09人/㎢｜小9.5%・大43.5%・老47%｜農22%・漁5%・二13%・三52%

沖縄県｜**浜比嘉島**(はまひがじま)｜うるま市｜2.09㎢｜373人｜178.47人/㎢｜小4.9%・大48.8%・老46.3%｜農6%・漁34%・二14%・三46%

沖縄県｜**津堅島**(つけんじま)｜うるま市｜1.88㎢｜377人｜200.53人/㎢｜小3.5%・大47.9%・老48.7%｜農26%・漁42%・二-・三30%

沖縄県｜**久高島**(くだかじま)｜南城市｜1.36㎢｜191人｜140.44人/㎢｜小14.7%・大46.6%・老38.7%｜農10%・漁17%・二5%・三67%

沖縄県｜**奥武島**(おうじま)｜南城市｜0.23㎢｜740人｜3,217.39人/㎢｜小13.1%・大52.8%・老34.1%｜農5%・漁4%・二20%・三71%

沖縄県｜**瀬長島**(せながじま)｜豊見城市｜0.18㎢｜0人｜0.00人/㎢｜小0.0%・大0.0%・老0.0%｜不明

沖縄県｜**粟国島**(あぐにじま)｜粟国村｜7.62㎢｜683人｜89.63人/㎢｜小12.1%・大51.2%・老36.7%｜農10%・漁-・二24%・三62%

沖縄県｜**渡名喜島**(となきじま)｜渡名喜村｜3.58㎢｜346人｜96.65人/㎢｜小8.4%・大50.3%・老41.3%｜農3%・漁7%・二32%・三59%

㉝ 沖縄諸島周辺・大東諸島

沖縄県｜**伊平屋島**(いへやじま)｜伊平屋村｜20.66㎢｜1,040人｜50.34人/㎢｜小17.0%・大52.4%・老30.6%｜農11%・漁7%・二21%・三59%

沖縄県｜**野甫島**(のほじま)｜伊平屋村｜1.08㎢｜86人｜79.63人/㎢｜小20.9%・大61.6%・老17.4%｜農10%・漁2%・二29%・三57%

沖縄県｜**伊是名島**(いぜなじま)｜伊是名村｜14.12㎢｜1,322人｜93.63人/㎢｜小15.7%・大53.5%・老30.9%｜農22%・漁5%・二21%・三52%

沖縄県｜**宮城島**(みやぎしま)｜うるま市｜5.54㎢｜657人｜118.59人/㎢｜小8.6%・大48.2%・老43.1%｜農28%・漁7%・二22%・三38%

沖縄県｜**古宇利島**(こうりじま)｜今帰仁村｜3.17㎢｜299人｜94.32人/㎢｜小5.7%・大50.2%・老44.1%｜農30%・漁8%・二5%・三56%

沖縄県｜**屋我地島**(やがじしま)｜名護市｜7.82㎢｜1,256人｜160.61人/㎢｜小8.6%・大44.5%・老46.9%｜農22%・漁3%・二12%・三56%

沖縄県｜**伊江島**(いえじま)｜伊江村｜22.76㎢｜4,118人｜180.93人/㎢｜小15.1%・大50.3%・老34.6%｜農32%・漁2%・二14%・三52%

沖縄県｜**瀬底島**(せそこじま)｜本部町｜2.99㎢｜843人｜281.94人/㎢｜小15.4%・大59.4%・老25.2%｜農11%・漁-・二23%・三66%(水納島を含む)

沖縄県｜**水納島**(みんなしま)｜本部町｜0.47㎢｜19人｜40.43人/㎢｜個別算出不可｜不明

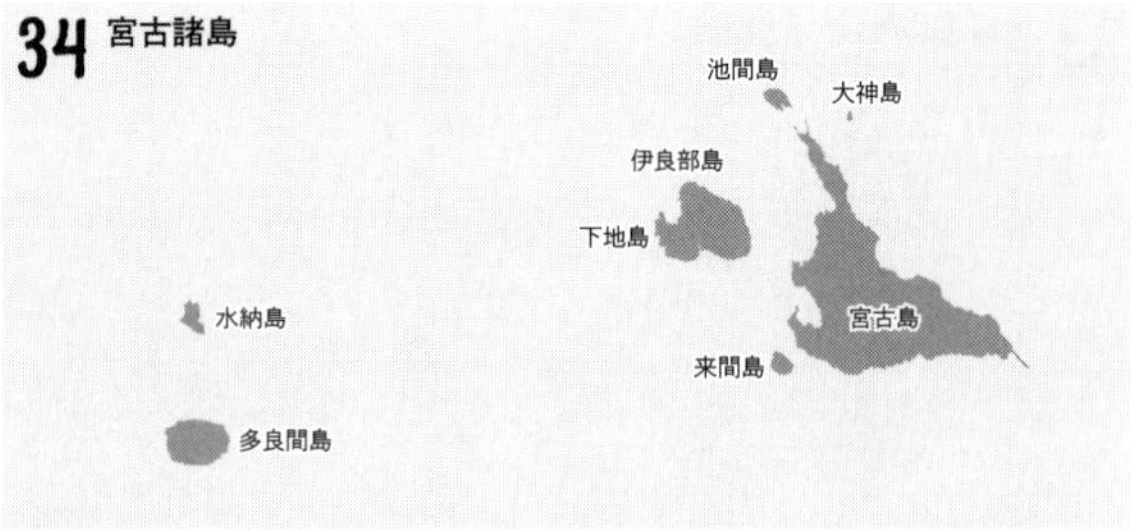

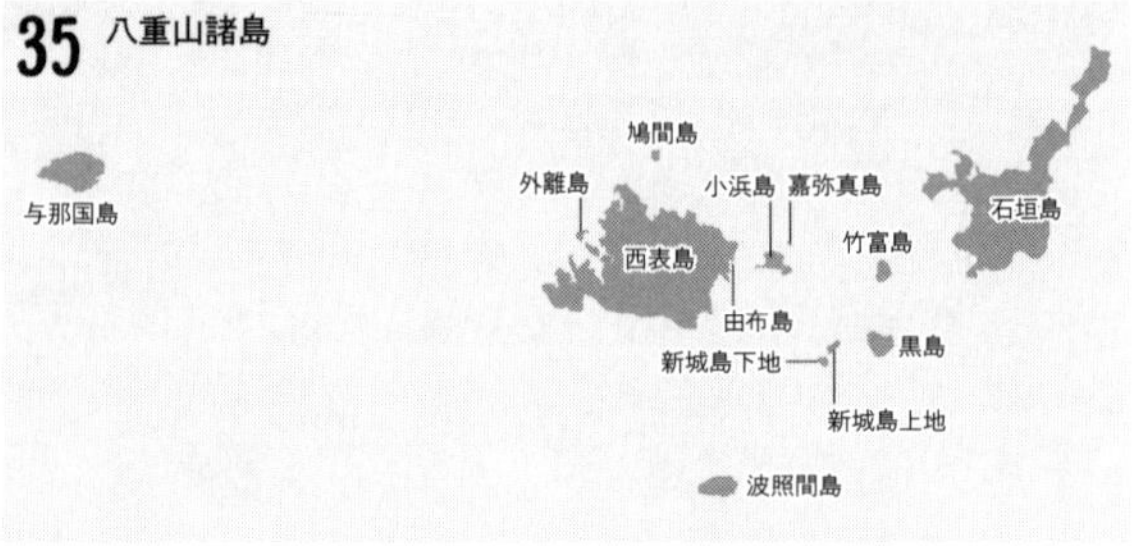

沖縄県｜**西表島**(いりおもてじま)｜竹富町｜289.61㎢｜2,253人(※由布島の人口を含む)｜7.78人/㎢｜小19.1%・大60.4%・老20.5%｜農13%・漁1%・二5%・三70%

沖縄県｜**鳩間島**(はとまじま)｜竹富町｜0.96㎢｜54人｜56.25人/㎢｜小9.3%・大61.1%・老29.6%｜農−・漁−・二−・三86%

沖縄県｜**由布島**(ゆぶしま)｜竹富町｜0.15㎢｜島別統計なし｜不明｜個別算出不可｜不明

沖縄県｜**小浜島**(こはまじま)｜竹富町｜7.86㎢｜621人(※嘉弥真島の人口を含む)｜79.01人/㎢｜小16.8%・大62.2%・老21%｜農9%・漁2%・二2%・三79%(嘉弥真島を含む)

沖縄県｜**黒島**(くろしま)｜竹富町｜10.02㎢｜193人｜19.26人/㎢｜小17.2%・大53.7%・老29.1%｜農44%・漁−・二1%・三50%

沖縄県｜**新城島上地**(あらぐすくじまかみじ)｜竹富町｜1.76㎢｜10人(※新城島下地の人口を含む)｜5.68人/㎢｜個別算出不可｜不明

沖縄県｜**新城島下地**(あらぐすくじましもじ)｜竹富町｜1.57㎢｜島別統計なし｜不明｜個別算出不可｜不明

沖縄県｜**波照間島**(はてるまじま)｜竹富町｜12.73㎢｜470人｜36.92人/㎢｜小16.6%・大56.4%・老27%｜農22%・漁0%・二7%・三50%

沖縄県｜**嘉弥真島**(かやまじま)｜竹富町｜0.39㎢｜島別統計なし｜不明｜個別算出不可｜個別算出不可

沖縄県｜**外離島**(そとばなりじま)｜竹富町｜1.32㎢｜0人｜0.00人/㎢｜小%・大%・老%｜不明

沖縄県｜**与那国島**(よなぐにじま)｜与那国町｜28.95㎢｜1,676人｜57.89人/㎢｜小18.0%・大60.5%・老21.5%｜農8%・漁3%・二41%・三48%

㉞ 宮古諸島

沖縄県｜**宮古島**(みやこじま)｜宮古島市｜158.87㎢｜47,676人｜300.09人/㎢｜小16.8%・大57.9%・老25.3%｜農16%・漁0%・二13%・三64%

沖縄県｜**池間島**(いけまじま)｜宮古島市｜2.83㎢｜511人｜180.57人/㎢｜小8.2%・大39.1%・老52.6%｜農23%・漁16%・二12%・三49%

沖縄県｜**大神島**(おおがみじま)｜宮古島市｜0.24㎢｜23人｜95.83人/㎢｜小0.0%・大34.8%・老65.2%｜農−・漁25%・二25%・三50%

沖縄県｜**来間島**(くりまじま)｜宮古島市｜2.84㎢｜139人｜48.94人/㎢｜小6.5%・大41.3%・老52.2%｜農59%・漁−・二4%・三37%

沖縄県｜**伊良部島**(いらぶじま)｜宮古島市｜29.06㎢｜4,494人｜154.65人/㎢｜小11.0%・大47.5%・老41.5%｜農28%・漁4%・二16%・三50%(下地島を含む)

沖縄県｜**下地島**(しもじしま)｜宮古島市｜9.68㎢｜88人｜9.09人/㎢｜個別算出不可｜不明

沖縄県｜**多良間島**(たらまじま)｜多良間村｜19.81㎢｜1,054人｜53.21人/㎢｜小14.2%・大55.3%・老30.5%｜農41%・漁0%・二13%・三45%(水納島を含む)

沖縄県｜**水納島(多良間村)**(みんなしま)｜多良間村｜2.16㎢｜4人｜1.85人/㎢｜個別算出不可｜個別算出不可

㉟ 八重山諸島

沖縄県｜**石垣島**(いしがきじま)｜石垣市｜222.25㎢｜47,637人｜214.34人/㎢｜小17.4%・大60.2%・老22.4%｜農8%・漁1%・二14%・三72%

沖縄県｜**竹富島**(たけとみじま)｜竹富町｜5.43㎢｜341人｜62.80人/㎢｜小17.1%・大49.4%・老33.5%｜農2%・漁3%・二7%・三88%

おわりに

心豊かに生きるヒントを「離島」と「シマ」から届けるこの本は、日本の島々で生きる人や、島が大好きな人、島に可能性を感じている人など、たくさんの人の想いによりかたちになりました。

この本に集めた思想やすべに、「遠さ」や「珍しさ」を感じる人もいれば、「身近さ」や「当たり前」を感じる人もいるでしょう。あなたが後者であるとしたら、自身が持つ思考やすべを大切にしてもらいたいと私たちは願っています。

この本は最初、人口減や少子高齢化、産業衰退などの社会問題に悩む島の人々や、島の将来を担う子どもたちに向けて企画しました。人口減を可能性に変える『島の未来計画(仮)』という仮のタイトルで、制作資金を募るクラウドファンディングを実行し、たくさんの方々にご支援をいただき、実現に至った一冊です。

そして2010年より発行を続ける有人離島専門メディア『ritokei』に掲載してきた記事の中から、改めて伝えるべき記事を集め、有識者やキーマンとの座談会を開きながら、制作委員会の面々やNPOリトケイのメンバーと共に、本の内容を固めてきました。

制作過程で私たちは、この本が伝えようとしていることが、日本の有人離島で生きる人だけではなく、日本社会で生きる人や、地球上で生きるすべての人にとっても重要であると確信し、『世界がかわるシマ思考』というタイトルに改めました。カタカナの「シマ」に込めた「人々が支え合うコミュニティ」は、居住地や地縁血縁を問わず、人間が心豊かに生きるためにみつめるべき単位です。

この先の日本社会は、急激な人口減と少子高齢化によって、短期間のうちに様変わりすることが予想されています。行政の支援も、社会インフラも、流通や交通も、これまで得られていたものが得られなくなる可能性が多くあります。

人工知能の発達など、新しい技術によって解決される問題もあるかもしれません。しかし、どれだけ社会が変化しても、一人ひとりが心豊かに生きていくために必要な最低限の宝は「支え合える人」や、恵みを与えてくれる「自然」であることにかわりはないでしょう。

本の仕上げ段階にあった、２０２４年1月1日に令和6年能登半島地震が起こりました。電気や水道、通信が途絶え、孤立した集落では、その場に居合わせた人々が共に生き延びるため、高度な支え合いが行われていました。自衛隊やＮＰＯなどによる支援が広がっても、山深い場所や離島などにはやはり支援が届きにくく、比較的人口の多い市街地でも甚大な被害が重なった場所では、人と人の共助力が生き抜くカギとなりました。

過去数十年、人口が増え、経済発展が続く時代に築きあげられてきた社会のかたちや人々の思考は、人口減時代には適合しません。そして、高度なテクノロジーやアイデアで人材やインフラの不足を補うことができても、ひとたび地球が身震いすれば、電気や水が得られなくなるのが地球暮らしの基本です。

人口減時代を心豊かに生き抜くために必要な最低限の技術やインフラ、制度とはどんなものか? そんな思考をめぐらせる時に「シマ思考」や「離島に学ぶ、生きるすべ」があれば、地に足のついた未来を展望できるようになると信じています。

「シマ思考」や「離島に学ぶ、生きるすべ」は普遍的なものです。どれだけ時代が移り変わっても、人が豊かに生きるために必要なミニマムな要素は、支え合える人と、社会と、自然なのですから。

最後に、この本に収録できた事例はほんの一部となりました。泣く泣く掲載を見送った事例を含め、島々には数えきれないほどの好例が存在しており、島を知る人々はそれを「宇宙」とも表現します。夜空をみつめるうちに目視できる星の数が増えていくように、日本の島々にも、みつめればみつめるほど得られる学びがあるのです。

見方がかわれば、世界はかわる。この本が、あなたや身近な社会が豊かにかわるきっかけになることを願っています。

島の皆さんへ

この文章を「自分に向けたものかな？」と思いながら読んでくださる皆さんは、この本に書かれていることの一部や大半に「身近さ」や「当たり前」を感じたかもしれません。

現代社会には、皆さんがそう感じることを失いかけている人や、すでに失ってしまった人々がたくさんいて、そこから数々の社会問題が生まれています。

島々の多くは、１９５０年代から人口減少が始まり、ピーク時から10分の１の規模になった島もめずらしくありません。高度成長期に起きた急激な社会変化のなか、仕事や学業の機会を求めてたくさんの人が島を離れていったことを、その時代を知る先輩方はよくご存知だと思います。

２０２４年現在、島のほとんどが人口減に歯止めをかけられておらず、今年生まれた赤ちゃんが二十歳を迎える頃には、人口が半数になると見込まれる（あるいは無人島になってしまう）島も少なくありません。人が減り、お店や学校、病院などの社会インフラが減り、産業も衰退していく。そんな島暮らしに未来が見いだせず、島を離れる子どもたちに「帰ってくるな」「継ぐな」と告げた人や、告げられた人もいるでしょう。

島に明るい未来はないのでしょうか？

この本の制作に関わるすべての人やリトケイは、そうは思っていません。日本の島々には、日本社会で生きる多くの人が、あるいは地球上で生きる多くの人が、学ぶべき思考や知恵が山のように存在しているからです。

島は海に囲まれています。何をするにも海を渡らなくてはならず、渡れるか渡れないかは天候次第。暮らすにも、仕事をするにも、教育を受けるにも、さまざまな制約と限界があり「ない」ものだらけです。

一方、都会に行くと数えきれないほどの商品やサービスがあり、いろんな人がいる。島よりも「ある」環境に、あこがれを抱くことがあっても不思議ではありません。

しかし、この本に集めた「シマ（人々が支え合うコミュニティ）」の好例の多くは「ない」ものが多いからこそ生まれているのです。

明治以降、多くの人が近代化を求める中、日本中に「ある」が増えてきました。より早く、より安く、より便利に、より効率的にと開発されてきた、ものやサービスが社会にあふれ、お金さえあれば衣食住を満たすことができ、人ひとりが自由な生き方を選択することも当たり前とされる社会が形成されたのです。そして、手に入れたものと引き換えに、多くの人がシマを失い、孤独に苦しむ人が増え、生きる力も失われてきました。

「シマ思考」とは、人々が支え合うコミュニティを中心に世界を捉え、考えていくこと。それは本来、自然の厳しい島国で生きていくために必要な思考であり、島やへき地など、ものごとがあふれるほど「ない」環境に残る、これからの時代を心豊かに生き抜く可能性でもあります。

日本の島には400島あれば400通りの多様性があり、その個性はさまざまです。この本を手に「うちの島にそんな力はない」「自分にはそんな思考はない」と感じる人はぜひ、本に登場する事例を参考にしてみてください。たとえ今は人口減に歯止めがかけられず、先行きが見通せなくても、小さな島には「社会変化が起こりやすい」という特性や、「ない」が多い分、新たに創造できる余白がある。島の利点を活かして、自分も、シマも、地球も心豊かにあり続けられるよう、皆で考え、挑戦を続けていきましょう。

応援団メッセージ

『世界がかわるシマ思考 離島に学ぶ、生きるすべ』の発刊は、島の可能性を広めるべく2023年春にリトケイが実行したクラウドファンディングのご支援により実現しました。支援者の中心は、日本の島々で生きる人と島を想う人。島の行政職員や民間事業者はもちろん、全国の企業経営者や研究者、有識者など幅広い方が島の可能性を信じ、応援しています。日本の島々やリトケイへの応援メッセージを紹介します。

島が好きだ。十八歳の夏、島の港に着くと焼けつく暑さ。早速の素潜り、めいっぱい潜って翌日に備える。夜、浜辺にでるとてぃんがーら（天の川）があった。人工衛星が一定速度でグイグイ動くのを初めてみた。島の時間、島の風、島の匂いを感じた。島は日本の縮図。いつも応援したい。頑張れ離島。負けるな「ritokei」。

（大和リース株式会社 代表取締役社長 北哲弥）

移住した宮古島で初めてリトケイと出会い、想像以上にたくさんある有人離島の個性的な魅力に気づかされました。よりよい環境を目指す島の方々の芯の強さや柔軟性には、時代を生き抜くヒントがたくさんあると感じています。リトケイを通して、実際に訪れて見て触れて、離島から様々な学びを得ていきたいと考えています。

（合同会社エトスアップ 蛭川万貴子）

離島専門の引越し会社として、私たちも離島から多くの洞察を得てきました。先祖への祈りや郷土愛、自然への畏敬の念、不便からくる豊かさ。そこで暮らす人々の「生き様」には、人間らしさのヒントが満載です。この本を通じて、離島が学びの対象として輝き、新たな視点で見つめ直されることを心より期待しています！

（アイランデクス株式会社 代表取締役　池田和法）

他にも、宮平栄治、井上脩士、よーよーよー、小林真晴、一般社団法人宝島、ネルソン水嶋、ShingoFukumoto（敬称略）はじめ260名のご支援と、本著に登場する島の皆さまや有識者の皆さまの協力を受けて本著は完成しました。心より御礼申し上げます。

issue+design books

issue+design booksでは、「社会課題解決の知を、みんなの手に」届けるために、あらゆる社会課題をテーマにした書籍を出版・販売しています。

認知症世界の歩き方 実践編

シリーズ累計20万部突破！
全14の旅のストーリーと具体的な生活ケースから認知症のある方の生きる世界を楽しく理解し、この世界を生きる必須スキル、ご本人との「対話」と生活環境の「デザイン」を学びましょう。

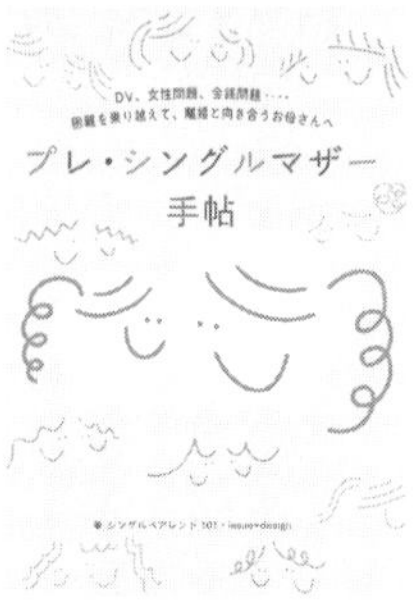

プレ・シングルマザー手帖

養育費、親権、面会交流、子育てをしながらの求職活動…夫婦関係に困難を抱え、離婚を考えるお母さん“プレ・シングルマザー”は、離婚を進めていくなかで子連れ特有のたくさんの問題に直面します。この本は、初めてのことばかりで何から始めれば良いか分からず、孤独に悩むすべてのお母さんへ贈るエールです。

障害のある子と親のための
小学校就学サポートBOOK

障害がある子が行う「就学活動」の道のりでは、慣習に沿った就学先を勧められる、希望する学校に受け入れてもらえない、など思わぬトラブルに直面します。この本は、そんなトラブルを事前に知り、先輩家族が実際に行った対応策を紹介するとともに、スケジュールに沿って、今やるべきことをToDoとしてまとめたサポートBOOKです。

ご購入・詳細は
こちらから

世界がかわるシマ思考
離島に学ぶ、生きるすべ

2024年4月20日　第1版発行

編者　NPO法人離島経済新聞社
著者　世界がかわるシマ思考制作委員会
委員会メンバー　有川智子（草草社／五島列島）
山下賢太（東シナ海の小さな島ブランド株式会社／甑島列島）
黒島慶子（オリーブ&お醤油のソムリエール／小豆島）
鯨本あつこ 他 離島経済新聞社一同
編集　鯨本あつこ（NPO法人離島経済新聞社）
宮本なみこ（NPO法人離島経済新聞社）
筧 裕介（issue+design）
宮田美空（issue+design）
校閲　馬場麻理子（issue+design）
ブックデザイン　小紙陽子
イラスト　小紙陽子
制作協力　離島地域の皆さん、中城明日香

発行者　筧 裕介
発行所　issue+design
特定非営利活動法人イシュープラスデザイン
東京都文京区千駄木2-40-12
https://issueplusdesign.jp/
印刷・製本　シナノ書籍印刷株式会社
発売所　英治出版株式会社
東京都渋谷区恵比寿南1-9-12 ピトレスクビル4F
TEL 03-5773-0193
FAX 03-5773-0194
www.eijipress.co.jp

乱丁・落丁本はお取り替えいたします。

ISBN 978-4-9912971-3-7

club issue+design

本書の読者は
入会金無料！

課題解決の旅の仲間になりませんか？

複雑な社会課題をデザインの力で紐解き、市民と共に解決していくissue+designを応援してくれる仲間を募集しています。社会課題は一度足を踏み入れると出口が見えず、道に迷うことも多い、まさに鬱蒼とした森のようなものです。みなさんが森を歩くときに必要な地図の描き方を教え、道をつくるための道具をつくることが私たちissue+designの仕事です。

私たちと一緒に、社会課題の森を歩く旅に出ませんか？きっとワクワクするような学びと出会いが待っています。

入会特典

特典1▶特別割引
issue+design主催のイベント・ワークショップが全て1,000円割引になります
※会員限定講座を除く

特典2▶会員限定コンテンツ
①会員限定講座へご招待
issue+design独自の視点でテーマ選定された限定講座にご招待します
②アーカイブ動画が見放題
イベントやオンライン授業のアーカイブ動画をご覧いただけます
③"未来の兆し"に出会えるデータベース「issue+future」が使い放題
世界中のメディアから、未来の芽を感じさせるような革新的出来事・事例を収集して蓄積しています

特典3▶会報誌
issue+designが新たに刊行したフリーペーパー「ISSUE+DESIGN journal」をご自宅へお届けします（年2回発行予定）

特典4▶プレゼント
①issue+design books 発刊のお好きな書籍1冊
②非売品！3か月継続特典「issue compass」ポスター
日本社会が抱える全ての課題を網羅した"課題解決の地図"をポスターにしました

特典5▶コミュニティ
①メンバー専用LINEオープンチャットにご招待
②会員交流イベントにご招待

お申込み・詳細は
こちらから